저절로 터지는 영어스피킹

영어 회화 초보도 말문이 술술 터지는 영어 스피킹 학습법

저절로 터지는 영어스피킹(큰글자도서)

초판인쇄 2023년 1월 31일
초판발행 2023년 1월 31일

지은이 이승훈
발행인 채종준
발행처 한국학술정보(주)

주소 경기도 파주시 회동길 230(문발동)
문의 ksibook13@kstudy.com
출판신고 2003년 9월 25일 제406-2003-000012호

ISBN 979-11-6983-059-1 03740

★ ★ ★ ★ ★

영어 회화 초보도 말문이 술술 터지는 영어 스피킹 학습법

저절로 터지는 영어스피킹

이승훈 지음

이담
Books

강민구 변호사 _TV조선 강적들 출연, 노스웨스턴대 로스쿨 졸업

영어로 막힘없이 저절로 말하게 되는 고도의 전술.

한국인들이 영어 스피킹이라는 '강적'을 이기기 위해서는 보다 새롭고 획기적인 '전술'이 필요하다. 휘발성이 농후한 기존 영어 스피킹 학습법으로는 이런 강적에 힘없이 무너질 수밖에 없다. 때문에 영어 스피킹을 결국 포기하게 되는 수많은 케이스를 보아왔다. 이제는 전혀 다른 방식으로 공략해야 할 때가 왔다. 이 책의 필자는 '잡아 놓은 고기를 보여주는 방식'을 철저히 지양하고 '어떻게 고기를 잡을 것인가?'라는 근본적인 물음에 정확한 해결책을 제시하며 나아가 '왜 고기를 잡아야 하는가'에 대한 정확한 비전을 제시하고 있다. '저절로'라는 단어를 쓰기에 충분한 다양하고 과학적인 영어 스피킹 학습법과 예시를 통해 '휘발성'없는 영어 회화 학습법 즉, 강적을 이기는 '고도의 전술'을 전수해 주는 책이라고 할 수 있다.

지영서 _한라대 광고영상미디어학과 교수, 전 KBS 국장급 아나운서(KBS 한국어팀장)

'저절로 터지는 영어 스피킹'을 통해 상대가 알아듣기 쉽게 말하며, 요점이 분명하고 간결하면서도 상대의 흥미, 관심, 필요의 대상이 되는 이야기를 영어로 말하는 방법을 터득할 수 있을 것입니다. 이전에는 자각하지 못했던 '브로카 영역'과 '베르니케 영역'이 확장되어 어느새 영어 스피치의 말문이 터지는 놀라운 효과를 체험할 수 있을 것입니다.

류주현 앵커 _現 YTN, 9시 뉴스 진행(Boston University 석사 졸업)

한국에서 태어나고 자라 대학까지 나온 내가 미국으로 대학원을 갔을 때가 떠올랐다. 학기 첫날 각종 서류를 처리해기 위해 머릿속으로 얼마나 많은 영어 문장을 되뇌이고 연습했었는지……. 이 책이 그때의 나처럼 고민하는 이들에게 영어로 생각하고 말하기를 알려주는 길잡이가 되길 바란다. 필자의 노하우와 경험이 녹아있는 '브로카 & 베르니케 학습법'이 새로운 영어 스피킹의 길을 열어줄 것이다.

영어 스피킹은 **왜** 이렇게 어려울까?

필자는 15년 넘게 한국인에게 영어 회화 및 영어 작문을 가르쳐오면서 "왜 유독 한국 사람들의 영어 말하기에는 해결되지 않는 문제가 있을까?"에 대한 끊임없는 질문을 던지고 이에 대한 해결책을 찾으려고 애써왔다. 그래서 언어학적인 관점에서 모국어가 아닌 제 2의 언어를 습득할 때, 즉 내가 어릴 때 처음 배운 언어를 습득한 후 다른 언어를 학습할 때 오는 언어학적, 발성학적 그리고 내재적(Intrinsic) 문제점에 대한 다양한 방식의 해결책을 찾아보았다. 이를 통해 언어적인 한계는 스스로 인지하고 지속적인 관심을 가지며 습관적으로 행동을 변화시킴으로써 개선되고 뛰어넘을 수 있는 높지만은 않은 벽이라고 다시 한번 결론짓게 되었다. 언어학적인 관점에서 영어라는 언어가 갖고 있는 본연의 특징을 자세히 분석해보면, 한국어와는 본질적으로 다른 속성을 갖고 있다는 점을 알수 있다. 따라서 이러한 두 언어의 차이점을 적절하게 분석하고 이에 맞는 학습법을 지속적으로 시행한다면 영어학습의 어려움을 충분히 극복할 수 있을 것이라고 확신하게 되었다.

그렇다면 원어민과 원어민이 아닌 사람의 가장 큰 차이점은 무엇일까? 예일대 윌리엄 반스 교수에 의하면 우선 원어민의 영어는 '끊어지지 않고 매끄럽게 흐르는 소리' 즉, 연음을 잘 구사하는 특징을 가진다. 이러한 능력은 태어날 때부터 귀로 끊임없이 영어를 들음으로써 완성된다. 이렇게 어릴 적부터 오감으로 익힌 영어 단어는 끊어지지 않고 서로 붙어 있는 특징이 있다고 한다(참고로 여기서 말하는 '연음'의 의미는 한국어에서 흔히 말하는 연음법칙처럼 형태소가 인접해 있는 형태소의 영향을 받아 변하는 현상이 아니라 문장들을 오랫동안 끊지 않고 계속 말하는 것을 의미한다).

바로 이러한 연음을 보완하기 위한 공부법이 쉐도잉(어떤 언어에 통달한 사람의 말을 그대로 따라 연습하는 것)이다. 쉐도잉을 하면 연음 사이에 끊어져 있는 틈이 끊임없이 메워지고 거기에 지속적으로 살이 붙어 듣기에 자연스럽고 매끄럽게 이어지는 연음을 완벽하게 구사하게 된다. 한국인이 영어를 배울 때 가장 어려워하는 것이 바로 이 연음을 구사하는 방법을 터득하는 것이다. 따라서 연음을 구사하기 위해서는 말하기 연습뿐 아니라 끊임없이 듣고 읽고 쓰는 다양한 방식의 언어학적 학습이 병행되어야 한다.

하지만 연음만 잘한다고 해서 무조건 영어 스피킹을 마스터했다고 할 수는 없다. '연음'이 가로의 폭을 조절하는 신축성이라면, 영어에는 '세로의 폭'도 있기 때문이다. 영어에서는 세로의 폭인 문장 간의 연계성도 매우 중요한 의미전달 요소이다. 원어민은 듣는 사람이 이해하기 쉽게 무의식적으로 세로의 폭을 조절하여 말하며 이야기를 들을 때에는 말하는 사람도 그와 같은 조절을 하길 기대한다. 때문에 이런 부분을 자유자재로 구사하기 위해서는 조금 더 다양하고 안정적인 언어학적 틀을 머릿속에 장착해야 한다고 본다. 시중에 나온 몇몇 도서들은 영어 역시 암기과목처럼 통째로 외우면 결국 마스터할 수 있다고 주장한다. 하지만 필자는 이 부분에 있어서는 다소 회의적인 입장이어서 이런 연음 구사 능력은 어느 정도 기본적인 회화 연습과 경험 그리고 기본 틀이 갖춰진 다음에 키워야 할 문제라고 생각한다. 따라서 연음 구사 능력은 단순 암기로는 얻을 수 없으며, 개인의 성취도에 따라 능력을 증진시킬 수 있는 방법을 꾸준하게 고려해야 한다.

한국인이 영어 회화에서 가장 큰 어려움을 겪는 것은 바로 어디서부터 어떻게 시작해야 할지 모른다는 데 있다. 대부분의 사람이 어떤 목적을 갖고 영어를 시작해 이를 말하려고 노력해도 이러한 노력들이 결국 수포로 돌아가는 이유는 영어 회화의 기본적인 시작이 잘못되었기 때문이다.

영어 회화의 목적은 많은 사람들 앞에서 일방적인 스피치를 하기 위해 잘 말하는 것보다는 양방향 소통의 효율성을 재고하는 것으로 방향성을 잡아야 한다. 즉, 일방적인 말하기(Oneside Speech)보다는 상대방에게 내가 뜻하는 바를 제대로 전달하고 그 대화 안에서 공감대를 형성하며 이를 지속시키는 능력을 키우는 것이 중요하다. 이를 위해서는 우선 말을 어떻게 시작해야 하는지를 고민해봐야 한다. 그리고 그보다 더 중요한 것은, 내가 말하고자 하는 바를 스스로 정리하고 스토리라인을 명확하게 구축하는 것이다.

대부분의 한국인은 단순히 영어를 못하기 때문에 말을 시작하지 못한다고 생각한다. 하지만 이는 잘못된 생각이다. 대다수는 어떤 단어를 써서 어떤 문장을 얘기해야 할지에 관한 '문법적인 고민'만 하기 때문에 말하기에 대한 동기를 부여받기 어렵다. 또한, 말하려는 스토리라인을 다듬고 이를 정리할 시간보다 문법이나 단어의 선택에 많은 시간을 허비해 처음부터 말문이 막혀버린다. 필자는 일단 이런 영어 회화의 잘못된 시작점을 바로잡고 한국어를 말할 때와 마찬가지로 전체적인 관점에서 영어 스피킹을 바라볼 것을 강력히 주장한다. 영어 회화든 한국어 대화든 간에 가장 중요한 것은 말하려는 의지와 그 스토리를 상대에게 들려줘야겠다는 동기 부여이다.

한국인 여자와 외국 남자가 서로 영어로 말다툼을 할 때를 생각해보자. 한국인 여자는 마음과 생각을 효과적으로 표현하지 못하는 것이 답답하고 억울해 순간적으로 더 많은 단어를 생각하게 되며 떠올린 단어를 내가 갖고 있는 문장에 끼워 맞혀 표현하려고 애쓴다. 이처럼 확실한 동기 부여나 스토리텔링에 대한 의지가 있을 때, 우리의 언어를 담당하는 뇌는 빠르게 움직이며 머릿속에 잠재되어 있는 단어들이나 문장들이 나도 모르게 튀어나오게 된다. 쉽게 얘기하면 영어를 왜 잘해야 하는지, 내가 말하려는 의미나 내용이 잘 전달되면 어떠한 장점들이 있는지에 대해 고민해보고 동기를 잃지 않도록 지속적으로 노력하는 것이 우선이다. 그다음으로는 영어 스피킹에 대한 큰 그림과 그 구조 그리고 문장이 머릿속에서 입으로 나가는 과정을 확실히 이해하여 스스로의 문제점을 인지하고 개선해나가는 것이 중요하다.

또 한 가지, 영어 회화에서 가장 중요한 포인트는 영어를 마스터한다는 생각부터 버리는 것이다. 단적으로 말하면 언어를 단기간에 100% 마스터한다는 것은 거의 불가능에 가깝다. 어떤 나라의 언어라도 한 사람의 언어학적인 점수는 상대적인 관점에 따라 매겨져 극히 주관적이기 때문이다. 영어를 마스터한다는 말이나 혹은 원어민처럼 완벽한 영어를 구사하겠다는 말은 적합하지 않은 표현이다. 원어민과 문제없이 구두(Verbal) 혹은 문학적으로(Literary) 그리고 문화적으로(Culture) 이해하고 소통하며 그 문화적인 요소까지 이해함으로써 비로소 그 언어에 조금씩 더 근접해 나가는 것이 보다 중요한 현실적 학습 목표가 되어야 한다. 언어는 한 나라나 지역 문화의 일부이며 문화적 부산물의 결정체이다. 하지만 그런 문화를 직접적으로 체험하지는 못할지라도 언어적인 특징을 잘 파악하고 현실적 한계를 극복해 나가는 방향으로 꾸준히 학습하면 언어적으로 성취도를 높이는 데 생각보다 큰 효과를 얻을 수 있을 것이다.

시중에 나와 있는 대부분의 영어 회화 책은 단순히 유형별 회화 패턴이나 영어 스피킹에 대한 팁을 나열하는 데 그치고 있다. 한국인의 언어학적인 특징을 무시한 채 문법을 기초로 한 스피킹 예시들을 나열하거나 'A라는 상황에서는 B

라고 말하시면 됩니다'같이 단편적인 지식 위주의 내용을 전달하고 있다. 어떻게 영어를 말해야 하는지에 대한 근본적인 해결책을 제시하거나 왜 영어 회화가 안 되는지에 대한 정확한 원인 분석이 없는 것이다.

필자가 이전에 집필한 『저절로 써지는 영어 에세이』에서 지적했던 것처럼 영어에서는 창의성이 중요하다. 즉 스스로 해석해서 얘기함으로써 머릿속에서 언어를 그리고 고쳐 나가는 과정이 효과적이고 중요한 습득 방법이다. 그렇기에 흔히들 말하는 '답정사(답을 정해주는 사람)'와 같은 방식의 학습법은 전혀 효율성이 없다. 특히 한국어를 모국어로 하는 사람이 영어를 습득할 때 이런 방식의 학습법으로는 영어로 말하기 능력을 증진시킬 수 없다. 즉, 영어로 말하기 위해 가장 중요한 것은 끊임없이 고민하는 것이며 고민을 통해 머릿속에 오랫동안 남도록 새기는 것이다. 단, 다른 사람이 쓰던 상황별 패턴을 모두 외우는 것보다 자신에게 가장 편하고 익숙한 영어를 사용하는 것이 중요하다. 사람마다 말하는 방식이 다르고 어투와 단어 그리고 억양이 다른 것처럼 자기만의 독특한 영어 말하기 습관과 방식을 만든다고 생각해야 한다. 고민하고 고쳐나가며 나만의 영어 말하기 방식을 다듬어 익숙하게 만들어야 한다. 누군가 만들어 놓거나 정형화해놓은 영어 스피킹 패턴은 절대 내 것이 될 수 없다. 그 기억이나 방식이 내 것이 아닐 뿐더러 내 것으로 만들려는 노력이 부족하기 때문이다. 이렇게 무의미한 시간과 기억은 휘발성이 강해 자기만의 습관이 될 수 없다.

언어는 기본적으로 생각을 기반으로 한다. 말 속에 내 생각이 들어있지 않으면 무게감이 떨어지고 상투적이어서 휘발성이 강하며 연계성이 떨어질 수 있다.

즉, 생각과 뇌의 메커니즘을 기반으로 하지 않는 주먹구구식 상황 대처 영어 스피킹은 이제 그 실효성을 찾을 수 없다. 하지만 아직도 너무나 많은 사람들이 효율적이지 못한 언어학습에 매진하고 있다. 이는 정말 비효율적이기도 하지만 자칫하면 영어라는 언어 자체에 대한 흥미를 잃게 하여 다시는 영어 학습을 할 수 없도록 의지를 꺾는 결과로까지 이어질 수 있다.

영어를 공부하는 학생이나 모든 학습자들이 겪는 어려움은 천차만별처럼 보이지만 대체로 비슷한 몇 가지 패턴을 갖고 있다. 일단 가장 중요한 문제 중에 하나는 말하는 방식에 대한 정답이 존재한다고 믿는 데에서 오는 오류이다. 모든 언어의 말하기 방법에는 정답이 없다. 상대방과 나의 소통 효율성과 함께 대화를 얼마나 지속적으로 이끌 수 있는지가 그 대화의 평점이며 그 평점은 상대적이고 매우 주관적이기 때문이다. 영어를 능숙하게 말한다는 것은 유창하게 연음을 구사하며 끊기지 않고 매우 어려운 단어를 사용한다는 것이 결코 아니다. 영어로 말하기를 학습하기 위해 가장 선행되어야 할 포인트는 영어 공부가 어떤 목적을 이루기 위한 학습이라는 생각을 버려야 한다는 것이다. 영어 스피킹은 100% 학습이라고 단정짓고 목표를 이루기 위해 매진해야 할 대상이 아니다. 이런 생각을 버리고 대신 생활 속에서 연관성과 관심사를 찾으며 지속적인 습관을 갖기 위해 노력해야 할 대상이다. 결코 단어 외우기 같이 영어 능력 평가에서 좋은 점수를 받기 위한 학습적인 요소가 영어 공부의 대부분을 차지하지는 않는다고 말하고 싶다. 물론 단어나 구문 같은 여러 가지 요소를 머릿속에 많이 외울수록 영어 회화가 좀 더 쉬워지는 것은 자명한 사실이다. 하지만 가장 중요한 요소는 바로 관심이며 생활 속에서 영어 공부의 필요성을 찾아나가는 동기 부여의 과정이다.

일단 가장 먼저 내가 왜 영어회화를 잘해야 하는지에 대한 확실한 동기 부여가 필요하다. 내가 만나고 있는 연인이 외국인이라거나 외국에서 불합리한 대우를 받아 발생한 큰 문제를 해결하겠다는 등 개인적으로 처한 여러 가지 상황을 대입해 보는 것도 좋지만, 기본적으로 가장 중요한 동기 부여는 영어가 만국 공용어라는 사실을 스스로 인지하는 것이며, 이를 바탕으로 영어 학습에 대한 의지를 다지는 과정 그 자체가 되어야 한다.

영어 학습을 기피하거나 제대로 된 동기를 부여받지 못하면 글로벌 시대를 사는 일원으로서 국제적인 경쟁력을 재고하는데 큰 장애가 될 수 있다. 이제 영어를 잘하느냐 못하느냐는 단순히 언어를 하나 더 알고 구사하느냐의 문제가 아니라 그 사람의 가치나 몸값 또는 그 사람의 인생을 바꿀 수 있는 너무나도 큰 부가가치(Value-added factor)의 요소가 되어버렸다. 이 책을 통해 영어로 말하기를 학습하려는 모든 사람들에게 다양한 방식의 효율적 학습법을 제시한다. 이와 대등하게 언어를 대하는 자세와 학습목표 혹은 동기 부여를 함으로써 영어 스피킹을 대하는 자세에 대해 용감하지만 절대 무모하지 않은 획기적인 영어 학습 비법들을 제안하려 한다.

Contents

0

Chapter

뇌에서 나온 영어를 입으로 말하며 확장하기

필자는 영어 회화 능력을 키우기 위해서 어떠한 방식으로 '영어로 말하기'가 이루어지는지 연구했으며, 이를 바탕으로 영어로 말하는 능력을 어떻게 키울 것인가에 대한 보다 과학적이고 신빙성 있는 학습법을 고안하였다. 뇌에서 언어를 담당하는 부분을 연구하고 분석하며 한국인들이 왜 영어로 말하는 것에 어려움을 겪는지에 대해서 다양한 실험을 반복하였고, 영어로 말할 때 결정적 영향을 미치는 뇌의 2가지 부분(브로카 영역/베르니케 영역)을 개발해야 한다는 결론을 냈다. 그리고 이 부분을 자극하고 발달시키는 학습을 하면 획기적으로 영어 말하기 능력을 늘릴 수 있다는 것을 발견하였다. 이 학습법을 뇌의 2가지 부위 명칭을 따서 브로카 학습법과 베르니케 학습법이라 명명하였다.

브로카(BROCA) 학습법은 내가 어떤 말을 해야 하는지에 대한 해답을 주는 학습법이다. 어떤 단어로 어떤 문장을 어떻게 말할 것인가에 대한 미시적(Micro)인 관점을 바탕으로 문장 자체에 집중하여 회화 능력을 키운다. 즉, 그 문장이 입으로 말하기에 적합하고 논리적이며 내가 하고 싶은 말과 같은 의미를 담고 있는지에 대해 고민하고 발전시키는 학습법이다. 브로카는 문장 자체에 대한 혹은 스크립트(Script) 자체에 대한 의미 전달과 표현 방식에 초점을 맞추고 있다고 할 수 있다. 이는 가로적/세로적 신축성은 물론 문장 자체 내에서의 퀄리티와 구성, 그리고 밸런스에 조금 더 초점을 맞춘 학습법이라고도 할 수 있다.

베르니케(WERNICKE) 학습법은 말의 의미나 혹은 이전까지의 모든 내용을 요약하고 그 핵심만 발췌하는 능력과 관련이 있다. 이 발췌된 정보를 토대로 연속적으로 다음 문장을 생성하며 이야기(Storyline)를 발전시켜 나가는 능력을 키우는 것이 베르니케 학습법이다. 베르니케 학습법은 조금 더 거시적(Macro)인 관점에서 화자의 스토리와 전체 대화의 구성에 집중하여 훈련하기 때문에 '가로적 신축성', 즉 연음을 컨트롤하는 능력을 키운다. 이것은 내가 청자를 어떤 방향으로 이끌고 나갈 것인가에 대한 큰 그림을 그리는 능력과 밀접한 관련이 있다. 즉, 말의 큰 방향성을 설정하는 중요한 기술 중에 하나라고 할 수 있다. 베르니케 영역은 'Silent Speech'를 통해 기존 문장이나 전 문장 혹은 질문자의 문장을 기억하고 중요 부분을 발췌하여 내가 하는 말에 접목시키고 적용시키는 능력을 담당한다. 이는 꾸준한 노력과 다양한 연습(많이 듣고 많이 쓰고 많은 관심을 갖는 방법)이 필요한 과정이며 이를 통해 원어민과 같은 가로적 신축성을 갖는 언어를 구사할 수 있게 된다.

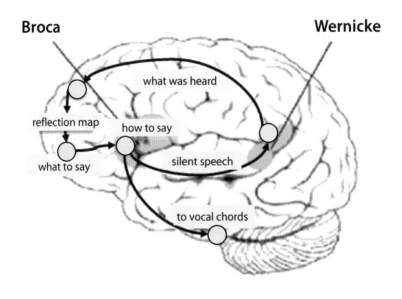

〈뇌 영역과 함께 보는 언어의 생성 과정〉

왼쪽은 언어 생성 과정과 관련 뇌 기능을 보여주는 그림으로 브로카, 베르니케 학습법과 긴밀한 관계를 갖는다. 왜냐하면 필자가 뒤에서 다룰 두 가지 학습법이 바로 'reflection map(머릿속 연상 지도)'를 이용한 영어구문의 템플릿화를 통해 틀이 만들어지기 때문이다. 이 틀 안에서 언어적 정보는 생각을 거쳐 'what to say', 즉 어떤 단어나 문장을 여기 넣을 것인가 하는 과정을 거치게 된다. 필자는 그 다음 단계인 'how to say'와 'silent speech(묵음 발설법)'까지 가는 과정에서 이탈하거나 소멸되는 단어나 생각을 최소화하도록 가장 적합하고 심플하면서도 한국인들에게 가장 최적화된 템플릿을 뽑아 뇌새김, 즉 'Brain Writing' 과정에서 휘발성을 최소화하는 영어 스피킹 학습법을 개발했다. 이 뇌새김 과정은 'how to write'를 거쳐 손으로 글을 쓰는 과정보다 '생리학적 단계'에 더 의존하는 경향이 있다. 즉, 사람이 말할 때는 생리학적이나 신체적 문제나 결함 혹은 컨디션에 따라 많은 오류를 범하며 이는 언어중추인 브로카 영역에까지 영향을 미친다고 볼 수 있다.

특히 'silent speech'의 과정에서 오류가 생기거나 각종 요인에 의해 상처를 입게되어 베르니케 영역에 문제가 생기면 지각과 기억을 담당하는 영역까지 부정적인 영향이 미칠 수 있다. 이러한 부정적인 요소를 제거하기 위해서 한국인에게 익숙한 구문을 이용해 영어 스피킹을 가장 쉽고 효율적으로 그리고 휘발성을 최소화하도록 고안했다. 쉽게 얘기하면 한국인들이 초중고 영어교육과정에서 습득한 기존의 영어 스피킹에 필요한 구문이나 템플릿을 최대한 활용하여, 그 문장을 뇌에 새기며 지속적으로 발전시킨다는 것이다. 이렇게 엄선한 구문과 키워드 영작법 등을 활용하는 이 학습법으로, 영어 회화 초보자도 영어 회화가 어느 정도 수준급 경지에 올라갈 수 있다.

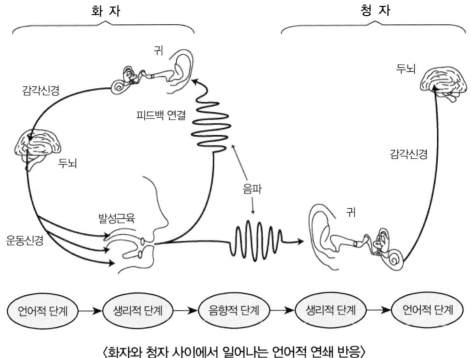

화자

청자

귀

두뇌

감각신경

두뇌

피드백 연결

감각신경

음파

발성근육

귀

운동신경

언어적 단계 → 생리적 단계 → 음향적 단계 → 생리적 단계 → 언어적 단계

〈화자와 청자 사이에서 일어나는 언어적 연쇄 반응〉

음성 연쇄에 대한 부분을 나타낸 위 다이어그램은 영어 스피킹을 하는데 중요한 단서를 제공한다. 일단 언어적 단계는 경험으로 얻은 기억을 축적해 나가는 과정이라고도 할 수 있는데, 학습적으로 충분히 극복하고 증진시킬 수 있는 단계다. 우리가 단어장을 펴고 단어를 공부할 때 100번 정도 쓰고 읽고 하다 보면 그 단어의 모양 그리고 구성하고 있는 글자들 혹은 예문부터 뜻까지 머릿속에 익숙해진다. 그리고 머릿속으로 그려볼 수 있게 되는데, 이 정도 수준이 되면 언어적으로는 그 단어를 '안다'라고 할 수 있다. 즉, 언어적 단계는 아는 단계 혹은 인지하는 단계로 이러이러한 단어나 문장 그리고 구문을 인지하고 따라서 말할 수 있는 단계다. 여기서 한 단계 더 나아가면 내가 익숙해진 문장이나 단어를 이용해서 무언가를 만들고 변형할 수 있게 된다.

언어적 단계는 뇌에서 주로 관장하고 여기에 브로카 영역, 베르니케 영역뿐 아니라 언어의 인지 활용 변형 그리고 사용에 관여하는 뇌의 각 부분들이 작동하여 생리적 단계 혹은 음향적 단계에 운동을 하도록 지시한다. 따라서 이 언어적 단계를 자꾸 사용하고 발달시키면 생리적 단계와 음향적 단계를 사용하기 위한 기본적인 베이스 캠프가 차려진다. 때문에 뇌가 많은 활동을 하지 않아도 언어를 관장하는 부위가 발달한 사람, 특히 영어에 대한 이해와 사용이 능숙한 사람들은 자연스럽게 영어로 생각하고 꿈도 꾸게 되는 것이다.

여기서 가장 중요한 포인트는 바로 '언어적 휘발성'이다. 언어를 말하고 배우고 익히면 누구나 어느정도 그 언어와 가까워질 수 있다. 그러나 이 언어는 쉽게 없어져버리고 뇌에서도 사라져 버린다는 특징을 가진다. 한 가지 언어가 아닌 몇 가지 언어가 겹치고 머릿속에 같이 저장될 때, 뇌가 선택적으로 잘 안 쓰는 언어들을 지워버리고 그 자리에 더 많이 쓰는 언어를 채워 넣기 때문이다. 그러면서 새로 배운 언어, 즉 상대적으로 잘 안 쓰는 언어는 없어지거나 'Mother Tongue'으로부터 공격을 받게 된다. 이것을 바로 언어의 휘발성이라고 한다.

이 휘발성을 최대한 막고 언어의 망각과 'Second Language Acquisition(두뇌 안에서 배우고자 하는 외국어가 기존 모국어의 영역을 침범하여 그 자리를 차지하려는 현상)'을 촉진시키려면 뇌에 최대한 많이 남는 체계적인 스피킹 학습법을 연마해야 한다. 그래서 필자는 영어라는 녀석이 어떻게 하면 우리 뇌에 더 많이 들어와서 오랫동안 남을 수 있을지에 대한 연구를 반복했고 이 실험을 통해 그 해결책을 찾게 되었다. 이 영어 학습법을 꾸준히 연습하면, 생각지도 못한 놀라운 결과를 마주하게 될 것이다.

영어 스피킹 학습에서 중요한 것은 스스로 뇌에 새기는 방법을 터득하는 길이다. 이를 셀프 스피킹 루트라고 칭하는데, 이런 루트를 개발하고 다듬어 더 넓게 개간하기 위해서는 원어민처럼 말하는 다른 사람들의 샘플 루트를 참고로 하여 올바른 방향으로 개간하고 있는지 지속적으로 모니터링 하는 것이 중요하다.

이를 통해 내 영어가 좀 더 좋은 루트, 좀 더 부드럽고 자연스러운 길을 가도록 할 수 있다.

연기를 공부하는 사람은 영화나 드라마에 나오는 배우의 말투와 발음을 따라하며 연습한다. 통역을 공부하는 사람도 뉴스나 강의를 들으면서 쉐도잉(shadowing)하거나 동시통역 연습을 하면서 자연스러운 어투를 익힌다. 마찬가지로 영어 스피킹을 잘하고 싶은 독자들 역시 이를 활용하여 자기만의 스피킹을 개발하는 뇌새김 루트를 개발할 수 있다. 쉐도잉이란 듣자마자 바로 반복해서 따라하는 연습을 뜻한다. 이는 앞에서 언급했던 어순을 변화하는 과정에서 더욱 빠르고 자연스럽게 변환하도록 도와주는 하나의 길라잡이 학습 도구다. 동영상이나 팟캐스트로 스피치나 인터뷰를 보거나 들으면서 원어민이 하는 말을 반복하며 발음과 억양을 흉내낸다. 원어민이 하는 말을 100% 이해 못 하더라도 소리를 잘 듣고 따라하는 것만으로도 발음과 억양에 대한 암시를 계속해서 줄 수 있다. 때문에 무의식적으로 들으면서 발전되는 브로카(BROCA) 학습법에 도움이 된다.

무의식적으로 쉐도잉을 연습하고 어순을 자동적으로 바꾸는 과정을 통해 입으로 자연스럽게 터져 나오는 스피킹 방식은 키워드를 통한 문장 디자인 기법과 일맥상통한다. 키워드를 통한 문장 디자인은 이런 것이다. 먼저 일정한 주제에 대한 생각을 머릿속에 키워드로 정리해서 브레인스토밍하고, 여기에 연상 기법을 이용해 동사, 형용사, 부사 순으로 살을 붙여 나간다. 그 문장을 구문과 연결시켜 하나의 완성된 문장을 만들고 그 문장과 또 다른 문장 사이의 관계를 접속사로 연결시켜 세련된 문장으로 이어진 단락을 만든다. 최종적으로 '발효'와 '수정'을 통해 머릿속에 '토착화'시킨다. 이 기법의 포인트는 책 후반부에 소개하겠다.

문장 디자인 기법 연습 과정에서 쉐도잉을 접목시키면 효과적인 결과물을 낼 수 있다. 쉐도잉으로 원어민의 말투를 따라하는 방법은 다음과 같다. 관심이 있는 주제를 고르고, 본인이 따라 하고 싶은 원어민을 동영상과 팟캐스트로 찾는다. 원어민의 스피킹 스타일을 골라 본인이 좋아하는 스타일로 개발할 때, 즉 나만의 스피킹 루트를 개발할 때에는 다음 사항을 고려하면서 쉐도잉을 활용하면 더 효과적이다. 억양(intonation), 목소리 톤(tone), 리듬(rhythm), 말하는 속도와 문장 사이 침묵의 간격(pacing), 단어 선택(wording-왜 그 단어나 표현을 사용했을까? 듣는 사람에게 어떤 영향이 있을까?), 분위기(atmosphere-이 원어민은 어떤 감정을 전달하고 있는가? 재미있게, 심각하게, 성실하게, 솔직하게, 고무하게), 객관적 구조(structure-어떤 순서로 스피치나 프레젠테이션을 구사하는가)가 바로 그것이다. 즉 내용의 이해도 중요하지만 우선은 소리를 흉내내는 것에 초점을 두어야 한다. 문장디자인 과정의 마지막에 최종적으로 어순을 바꾸고 나서 내가 만든 구문으로 연습하면 훨씬 효과적이다.

쉐도잉을 연습할 때는 말하고 있는 사람의 억양을 똑같이 따라 할 수 있도록 집중해서 듣고 소리를 내야하며, 동시에 말하고 있는 문장과 어울리는지 체크하고 뇌에 반복해서 되새겨야 한다. 처음에는 연기한다는 생각으로 발음이나 톤을 과장되게 연습해야 더 효과가 있다. 지나치게 연기하는 것처럼 느껴질 수도 있다. 그러나 계속해서 연습하면 점점 더 자연스럽게 영어를 말할 수 있게 될 것이다. 반복해서 녹음하거나 녹화하여 스스로 검토하고 평가하는 것을 추천한다.

위에 간단히 소개한 것과 같이 이 책에서는 어떻게 영어를 말할 것인가에 대해 집중적으로 분석한다. 또한 가장 중요한 부분인 왜 우리는 영어를 말하지 못하는가에 대한 클리닉도 병행해서 기술할 것이다. 우리가 영어를 말하지 못하는 것은 과장되어 표현하면 잠재적 영어 실어증 초기 증세라고 가정할 수 있다. 이 책에서는 이에 대한 개선방법과 해결방법을 제시하려고 한다. 또한 이러한 잠재적 실어증을 해결하기 위해 어떻게 스피킹 스킬을 발전시키고 연습할 것인가에 대한 방법론을 더불어 제시한다.

　영어는 주어가 먼저 나오고 뒤에 계속해서 주어를 꾸며주는 문장이 나오는 방식의 어순을 가지고 있다. 앞서 소개한 '쉐도잉'이나 '키워드를 통한 연상기법' 그리고 뒤에서 소개할 '템플릿 구문을 통한 대입법' 등은 모두 영어 스피킹의 가장 기본 원리인 확장하기와 밀접한 관련이 있다. 때문에 영어에 있어서는 확장하기(Expansion), 즉 말을 늘려서 말하되 새로운 의미를 조금씩 덧붙이는 형태로 스피킹을 연습해야 하며 이런 연습이 한국인에게 가장 중요한 포인트라고 생각한다.

　영어의 확장성은 영어로 대화를 이어나갈 때 특히 더 필요한 부분이다. 상대방과 나와의 대화 혹은 다수의 청자를 대상으로 하는 순방향 소통에 있어서 공통된 주제를 찾는 'Seek(대화의 탐색)' 과정이 끝나면 대화를 이어가기 위해 서로 관심사에 대한 질문이나 소통을 하게 된다. 특히 'Free Talking'의 경우 내가 원하는 방향으로 상대방을 초대하거나 이끌어올 수 있기 때문에 대화의 확장에 좀 더 용이한 상황을 연출할 수가 있다. 주제가 정해지고 대화가 시작되면 내가 알고 있는 지식을 키워드로 혹은 몇 가지 문장으로 요약하고 무엇을 말할지 정리하는 시간이 필요하다. 이러한 시간을 단축하려면 일단 내가 알고 있는 문장을 말하고 이 문장을 확장시켜야 한다. 내가 말하고 싶은 문장을 얘기하고, 그 이유를 설명하거나 아니면 그 문장에 대한 상대방 생각을 물어보는 과정을 통해 대화를 이끌어나가기 위한 초석을 다진다. 대화가 본격적으로 이루어지게 되면 문장을 길게 이어서 말하는 훈련이 필요하다는 것을 알게 된다. 따라서 내가 갖고 있는 생각을 피력하기 위해서는 내 생각이 잘 녹아들 수 있는 표현법을 머릿속에 갖고 있어야 한다. 여기에 그때그때 생각나는 단어를 넣어 잘 응용하면 대화를 확장하는 방법에 익숙해질 수 있다. 내가 어디선가 들었던 표현들을 따라 해보고 여기에 대화 주제에 맞는 단어를 대입하는 것이 중요하다. 즉 쉐도잉을 통해 문장을 확장해보거나 상대방의 질문에 있는 문장을 그대로 가져와 내가 말하고 싶은 문장과 결합함으로써 "어떻게 말을 이어서 조리 있게 할 것인가?"에 대한 해답을 조금씩 찾아갈 수 있다.

영어의 확장성에는 구문이나 절을 이용한 확장 말고도 기본 동사를 이용해서 확장형 동사를 만드는 것도 포함할 수 있다. 여기서는 뇌에 입력되어 있는 'Original Core' 동사를 토대로 각 확장형 동사들이 입을 통해 무의식적으로 상상하며 나올 수 있도록 훈련하는 것이 중요하다. 예를 들어 'Run' 다음에 'Up'을 만들어 붙이면, '달린다'에 '근데 끝까지 달린다(up)'가 추가되어 있는 힘껏 달린다는 뜻이 된다. 이런 식으로 각 확장형에 대한 특징을 이해하는 것에 중점을 두며 영어의 기본 동사를 이용해서 만들 수 있는 확장형 동사들을 머릿속에 저장해 놓자. 그러면 내가 필요할 때 기본동사의 의미와 함께 유용하게 사용할 수 있다. 특히 영어 회화를 할 때는 동사의 사용이 가장 중요한 핵심인 경우가 많다. 때문에 주요 확장형 동사들은 외우고 있는 것이 좋다. 다음은 영어 회화에서 가장 빈번하게 쓰이지만 학생들이 가장 많이 뜻을 혼돈하는 확장형 동사들이다. 다음 확장형 동사들의 의미를 상상하며 머릿속에 새겨 넣어 보자.

Run 실행하다, 달리다, 흐르다, 줄이 나가다, 운영하다, 작동하다 ▼

run down: 뛰어 내려가다, 다 닳다

run across: 뛰어서 건너다, 우연히 만나다

run away: 달아나다

run out: 뛰어나가다, (시간이) 다 되다, (연료 등이) 떨어지다

Break 깨다, 부러뜨리다, 부수다, 위반하다 ▼

break up: 헤어지다, 분리하다, (싸움을) 말리다, (시위를) 해산하다

break down: 부수다, 허물다, 해체하다, 고장나다

break into: 침입하다, (대화에) 끼어들다, (새 신발을) 길들이다

break out: 탈출하다, 돌발하다

Turn 바꾸다, 돌리다, 넘기다, 방향을 바꾸다, ~하게 변하다 ▼

turn into: ~로 변하다, 바꾸다

turn on: 켜다, 틀다

turn off: 끄다, 싫어지게 하다

turn up: 크게 하다, (소매를) 걷어 올리다, (깃을) 세우다

turn down: 작게 하다, 줄이다, 약하게 하다, 거절하다

turn in: 제출하다

turn out: 드러내다, 밝혀지다, 판명되다

turn around: 뒤돌다, 호전시키다

turn over: 뒤집다, 넘기다, 전복되다

Hang 걸다, 달다, 매달다, 붙이다, (고개를) 숙이다, (벽지를) 붙이다

hang up: 위에 걸다, (전화를) 끊다

hang out: 밖에 널다, 나가서 놀다

hang around: 어슬렁거리다, 어울려 다니다, 배회하다, 서성거리다

hang on: 꽉 잡다, 놓지 않다, (전화를 끊지 않고) 잠깐 기다리다

Put 놓다, 바르다, (단추를) 달다, 대다, 가하다, 써넣다

put up: 올리다, (우산을) 펴다, 세우다

put down: 내려놓다, 억제하다, 기입하다, 진압하다

put on: 입다, (살이) 찌다

put off: 미루다

put in: 안에 넣다, 예금하다

put out: 밖에 내놓다, (신제품을) 출시하다, (불을) 끄다

put back: 제자리에 놓다, 뒤에 놓다

put away: 치우다, 비축하다

Cut 자르다, 베다, 깎다, 줄이다, 감축하다

cut corners: 지름길로 가다, 절약하다

cut down: 베어 넘어뜨리다, 줄이다

cut off: 절단하다, 중단하다, 자르다

cut in: 끼어들다

cut out: 잘라 내다

Get 얻다, 사다, 가져오다, 받다, 갖다주다, 사 주다 ▼

get + 명사: 취하다

get A to: A가 ～하게 하다

get A 과거분사: A를 ～되게 하다

get + 형용사: ～하게 되다

get up: 일어나다, 올리다

get down: 엎드리다, 내리다, 내려오다

get in: 들어가다, 들여보내다, (차에) 타다

get out: 나가다, 내보내다, (차에서) 내리다, 제대하다, 꺼내다

get on: (큰 차, 동물 등에) 올라타다, 접속하다

get off: (큰 차, 동물 등에서) 내리다, 벗어나다, 떼다

get to: ～에 도착하다

get away: 떠나다, 벗어나다

get together: 모이다, 모으다, 합치다

get along: 잘 지내다

get through: 통과하다, 끝내다

get back: 물러서다, 돌아오다, 되찾다

get across: 건너다, 이해시키다

get over: 건너가다, 극복하다

Pull 잡아 당기다, (커튼을) 젖히다 ▼

pull off: 잡아당겨서 떼다

pull out: 잡아당겨서 뽑다

pull over: 넘겨 당기다, 차를 대다

Pick 따다, 후비다, 고르다, (싸움을) 걸다 ▼

pick up: 집어 올리다, 사다, 태우다, 올리다

pick up the bill: 계산하다

pick out: 골라내다, 고르다, 파내다

pick on: 못살게 굴다, 괴롭히다

Set 놓다, 두다, (상을) 차리다, (불을) 지르다, 맞추다, 정하다, (해, 달 등이) 기울다 ▼

set up: 세우다, (만남을) 주선하다

set aside: 옆에 두다, 챙겨 놓다

Hold 잡다, 들다, 품다, 수용하다, (숨을) 참다 ▼

hold on: 매달리다, 기다리다

hold back: 억제하다, 막다, 참다, 억누르다

Take 취하다, 받다, 가져오다 ▼

take + 명사: ~을 하다

take your time: 여유를 가지다

take out: 밖에 내놓다, 빼내다

take off: 벗다, 떼어 내다, (휴가를) 내다, (비행기가) 이륙하다

take away: 가져가다, 데려가다

take my breath away: 숨이 막히다

take over: 떠맡다, 이어받다, 인수하다

take up: 들어 올리다, 차지하다

take down: 내리다, 쓰러뜨리다, (건물을) 철거하다

take apart: 분해하다, 해부하다

take back: 반납하다, 취소하다

Go 가다, 다니다, 진행되다, (나쁜 상태로) 되다 ▼

go well: 잘 어울리다

go -ing: ~하러 가다 (ex: go cycling in my free time)

go up: 올라가다, 상승하다

go down: 내려가다, 하락하다, 떨어지다, 추락하다

go out: 외출하다, (불 등이) 나가다

go away: 떠나다, 사라지다

go off: 떨어져 나가다, (경보가) 울리다, 터지다

go along: 따라서 가다, 동의하다

go back: 되돌아가다

go through: 통과하다, 살펴보다

Come 나오다, 오다, ~한 상태로 되다 ▼

come out: 밖으로 나오다

come off: 떨어져 나오다

come up: 올라오다, (풀이) 돋아나다, (물이) 차오르다

come down: 내려오다

come over: 넘어오다, 덮치다

come around: 돌아오다

Make 만들다, ~한 상태로 만들어내다, 이루다

make + 명사: ~하다 (have + 명사: ~하다)

make up: 만들어 내다, 결정하다, 보충하다

make it: 제때 도착하다, 성공하다, 시간을 정하다

Keep 유지하다, 억제하다, 멈추다

keep -ing: 계속 ~하다

keep away: 멀리하다, 피하다

keep from: 막다, 참다

keep off: 접근하지 않다, 떼다

keep up: 유지하다, 뒤지지 않다

keep down: (계속) 낮추다, 억제하다

예시로 든 숙어 및 확장형 동사들을 다 외울 필요는 없다. 영어 스피킹은 외우는 것이 아니라 내가 직접 말을 만들어 나만의 스피킹 루트를 찾는 것이 학습 목표이기 때문이다. 스피킹의 핵심은 이해하고 따라하며 내가 직접 변형해보는 과정에 있다. 왜 뒤의 동사들이 확장되어 의미가 변하게 되었는지 고민해보고, 여기 나오지 않은 동사들을 조합해서 만들어보는 연습을 해야 한다. 내가 직접 위의 동사들을 이용해서 말을 만들고 심플한 대화에서 사용하는 것이 중요한 것이다. 이해하고 아는 데에서 그치는 것이 아니라 직접 사용해보고 시행착오를 겪어야 한다. 항상 'Why'라는 물음을 던지는 것이 스피킹 학습에 가장 중요한 태도라고 할 수 있다. 왜 이렇게 말하는지, 왜 다르게 말하면 안 되는지, 차이점은 무엇인지, 어떤 표현이 더 세련되고 듣기 좋은 표현인지, 내가 직접 해보면서 체

험하는 것이 그 무엇보다 중요하다.

스피킹은 내 입으로 시작해서 내 입으로 발전시켜야 한다. 내 머릿속에 입력하는 과정과 머릿속에서 꺼내서 활용하고 응용하는 과정 모두 자발적으로 스스로 터득해야 한다. 그렇지 않으면 아무런 의미가 없다. 때문에 상황별 스피킹 예시나 패턴으로 나열된 시중 서적으로는 절대 스피킹 실력이 향상되지 않는다. 특히 문법에 집착하는 태도 역시 전혀 스피킹에 도움이 되지 않는다. 영어 스피킹은 뇌에 얼마나 오랫동안 새길 수 있느냐가 관건이다. 또한 내 생각을 영어로 말하고자 할 때 뇌 안에서 생각하는 시간, 즉 체류 시간을 단축하는 연습을 하는 것이 포인트이다.

대부분의 영어 스피킹 관련 서적들은 대부분 유형별, 주제별로 단편적인 스피킹 케이스를 소개하여 틀에 박힌 예시를 보여주거나 샘플 스크립트(Script), 즉 모범 말하기 예시를 단순 수집하여 특징이나 장점을 나열하고 있다. 내 생각을 어떻게 머리에서 입으로 응용해서 자유자재로 표현할 수 있는지 핵심적인 기술을 가르치지 못하고 있다. 또한 화려하고 상업적인 영어 스피킹은 '단기 기적' 같은 귀에 솔깃한 단어들로 마치 단기간에 스피킹을 정복할 수 있을 것 같이 표현하고 있다. 그러나 정작 어떻게 영어가 입으로 나오는지 그 정확한 과정을 분석하고 왜 말이 잘 나오지 않는가에 대한 깊이 있는 고민은 하지 않는다. 이 책은 단순히 상황에 따른 주먹구구식 상황 모면 스피킹이 아니라 머릿속으로 쓰고 기억하고 응용하는 사고형 스피킹을 지향하고, 휘발성 강한 입으로 하는 영어를 지양함으로써 영어 스피킹의 새로운 패러다임을 제시하는 영어 회화 기본 서이다.

입으로 배우고 입으로 하는 영어는 결국 입에서 휘발되어 기억 속에 남지 못한다. 그것은 내 실력이 아니다. 입속에서만 맴도는 영어는 뇌와 소통이 되지 않기 때문에 결국 입으로 한국말을 더 많이 사용하게 되면 바로 연기처럼 사라진다. 내 생각을 영어로 머릿속으로 써가며 응용하는 영어는 입으로 나왔을 때 내 것이 되며 내 생각이 되며 내 영어 실력이 된다. 이 책이 기존의 모든 영어 스피킹 혹은 회화 학습법을 전면 거부하고 전혀 새로운 그리고 내 머릿속에 남는 영어 학습법을 제안한다고 확신한다.

1

Chapter

영어 스피킹은 뇌에 쓴 영어를 입으로 읊는 것이다

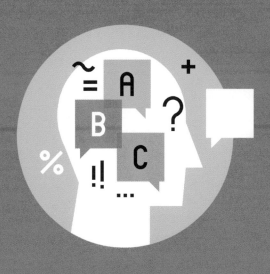

01 영어 회화의 알고리즘(Algolithm: 문제를 풀기 위한 접근 방법)
: Speaking과 Writing은 일란성 쌍둥이

언어학에 있어서 말하기는 가장 기본적이고 적은 노력으로 빠르고 많은 양의 소통을 할 수 있는, 즉흥적이고 습관적인 언어적 도구다. 그러나 "한번 뱉은 말은 다시 주워 담지 못한다"라는 말이 있듯이 말하기라는 언어학적 도구는 가장 실수하기 쉬우며 뱉는 사람 입장에서는 망각되기 쉽다. 그러나 말을 듣는 '청취자(Listener)'에게는 쉽게 기억된다. 또한 큰 영향을 받을 수 있는 '발설자(Provider)'와 '수용자(Receptor)'의 주파수에 따라 발설자가 의도한 의미를 제대로 전달하기 쉽지 않기 때문에 오해가 생기기도 한다. 따라서 말하기는 상당히 예민하고 다변적인 언어학적 도구라고 할 수 있다.

영어 영문학에서 스피킹의 중요성이 그 역할보다 훨씬 더 큰 공간을 차지하게 된 이유도 입으로 말하는 구전적인 언어학적 도구는 다른 언어를 모국어로 사용하는, 즉 영어가 모국어가 아닌 나라에서 태어난 사람들에게는 생각보다 그 간극을 줄이는 과정이 쉽지 않기 때문일 것이다. 쉽게 풀어 설명하면 스피킹이라는 언어학적 도구는 가변적이며 시대에 따라 혹은 상황에 따라 쉽고 빠르게 전파되고 변형된다. 때문에, 설사 비영어권 나라의 사람이 영어를 습득하고 마스터한다고 하더라도 그 문화권이나 언어를 지속적으로 발전시키는 이들과 함께 동화되지 못한다면 그 영어는 한마디로 트렌드를 모르는 센스 없는 영어, 혹은 소통적 효율성이 떨어지는 영어가 되기 쉽다. 물론 언어학적인 관점에서 봤을 때 가장 큰 목적은 소통이고 의사소통을 통한 의미 전달만 정확히 된다면 그것으로 '말하기'라는 언어 학습 목표는 달성되었다고도 볼 수 있다. 하지만 언어 역시 사람이 감정을 갖고 하는 매개체이기 때문에, 단어 한 글자나 억양 혹은 표정으로도 다른 의미로 전달되어 오해나 소통의 오류가 생기기 쉽다. 그래서 영어로 매일 생활하거나 그 영어권 사람들과 매일 혹은 자주 소통하지 못한다면, 그 영어 말하기 학습은 결국에는 효율적이기 힘들다는 결론에 이르게 된다. 그러면 어떻게 해야 할까? 영어 말하기를 포기해야 할까? 필자는 이 질문에 대한 답을 제시하려고 한다.

그렇게 많은 교재로 많은 시간과 돈을 투자해서 영어를 배우지만 영어는 늘지 않는다. 때문에 현재 시중에 나와 있는 교재나 여러 강사나 회사들이 제시하고 있는 스피킹 학습으로는 영어 말하기 실력 증진은 힘들다는 결론을 내릴 수 있다. 이유는 간단하다. 영어 스피킹을 하는 기본적인 알고리즘인 언어학적 이해 없이 무작정 '각 상황별로 이렇게 말하고 이렇게 대답하고'라는 획일적인 답을 미리 제시해 버리기 때문이다. 그래서 영어 학습자들은 스스로 답을 찾아내려는 과정을 경험하지 못하게 된다. 이런 방법으로는 영어 스피킹 실력이 늘 가능성이 거의 희박하다. 영어로 말하기를 하려면 기본적으로 영어로 생각을 해야 하고 영어로 그 생각을 변형하거나 다른 표현으로 하면 어떨까라는 내적인 고민을 해야 하며 이를 통해 스스로 머릿속에서 언어학적인 선택을 하는 과정을 거쳐야 한다. 하지만 요즘 국내 시중에 나와 있는 대부분의 교재나 스피킹 프로그램 서적들은 이 과정을 무시하고 유형별로 단순화하여 효율적으로 당장 쓸 수 있는 영어를 강제로 외우게 한다. 이렇게 영어를 상품화하고 있기 때문에 정말 어떻게 해야 영어로 말을 잘할 수 있을까에 대한 기본적이고 원초적인 고민을 전혀 하지 못하게 만든다.

그럼 영어로 말하기란 대체 어떤 과정을 거쳐서 입으로 나오게 되는 것일까? 말을 할 때 가장 중요한 것은 '생각'을 발효하는 과정이다. 그래서 언어학은 학습만으로는 절대 완성될 수 없다. 학습을 '관심' 혹은 '호기심'으로 촉발된 지적 욕구를 익숙하게 내 것으로 만드는 과정이라고 한다면, 언어를 습득하는 과정은 전혀 그 과정과 성질이 다르다. 언어는 그 생각을 생산하는 공장을 발전시켜 그 결과물을 익숙해지도록 발효시키며 내 것으로 만들어야 한다. 즉, 언어는 뇌에서 나오는 생각들을 그야말로 효율적이고 습관적으로 생산하여 다듬고 방출하는 과정이다. 이미 형성돼 있는 지식이나 딱딱한 형체를 익숙하게 자기 것으로 만드는 게 아니라 자기가 생산한 자기 것을 밖으로 방출해야 한다. 그러나 지식 습득 과정과는 전혀 다른 특징을 갖고 있는 언어를 지금 영어 교육 현장 대부분에서는 학습하라고 강요한다. 이것은 상당히 위험하고 잘못된 발상이다. 이런 방식으로 학생들을 가르치기 때문에 생각과 종합사고 능력이 향상되지 않으며, 말랑말랑한 언어를 딱딱한 지식이라고 착각하게 된다.

언어를 말로 표현하는 것은 자기 마음대로 생각을 표현할 수 있도록 '생각의 공장'을 스스로 발전시키고 가동하는 과정으로 정해진 틀이 없다. 이를 보다 효율적이고 세련되게 만들기 위해선 공장 부지를 제공하고, 동기 부여를 통해 공장을 돌릴 수 있는 화력을 갖게 해주는 것이 가장 필요하다. 예를 들어 외국인이 한국어를 배우기 위해 한국에 왔다고 해보자. 이때 '한국인 여자친구'는 강력한 화력을 가져올 수 있는 동기 부여가 된다. 언어를 배우는 나머지 과정은 본인이 선택해서 자기만의 방식으로 발전시켜야 한다. 이를 위해서는 해당 언어를 다듬어 발효시키는 과정이 필수적으로 수반되어야 한다. 그 누구도 어떤 상황에서 어떤 말을 해야 한다는 식의 지식 삽입형 학습을 언어 학습에 강요해서는 안 된다.

영어권 나라에서 태어나거나 공부하지 않은 사람이 외국인과 영어로 대화하다 보면 나타나는 공통적인 현상이 있다. 바로 대화 자체에 맥이 자꾸 끊기고 대화의 중심이 피상적으로 흐른다는 것이다. 날씨 얘기로 처음 대화를 시작했다고 가정해보자. 날씨에 대한 피상적인 묘사를 서로 주고받거나 경험을 얘기하다 다음 주제로 넘어간다. 음식에 대한 얘기를 해도 마찬가지다. 삼겹살을 예로 들면, 나는 삼겹살을 먹어보았다. 언제 먹었고, 맛이 어땠고, 누구와 함께 먹었고 등의 얘기를 하다가 다음 주제로 넘어가게 된다. 이 부분에 주목하여 영어로 말하기에 대한 중요 요소를 생각해보자. 영어 말하기의 가장 중요한 것은 키워드다. 즉, 키워드는 대화의 맥이며 대화의 맥이 끊기지 않기 위해서는 상대방의 생각을 읽고 원하는 대답을 해줘야 한다. 대화가 지속적으로 깊이 있게 흘러가기 위해 중요한 것은 대화하는 문장이 장황하거나 거창할 필요가 없다는 점이다. 어려운 단어를 사용할 필요도 없고 발음이나 억양이 결정적인 영향을 끼치지도 않는다. 단답형으로 말하거나 대답할지라도 상대방의 말을 이해하고 반응하며 대화를 이어가려는 의지를 보여주면 된다. 여기서 상대방이 원하는 대화의 의도를 파악하는 것이 중요하다. 우리나라 사람들 대부분은 상대방이 말하는 문장의 모든 것을 이해하려고 하다가 대화가 끊기게 되는 경우가 많다. 더욱이 이 문장들을 대비한 어떤 맞춤형 대답이나 정답이 있다고 생각하는 오류를 범하는 사람들이 많다. 이것은 매우 잘못된 생각이다. 대화는 핵심 키포인트를 이해하고 연결만 해도 자연스럽게 이어진다. 다음 대화를 통해 예를 들어보겠다.

Jamie Hey Jin, what did you do last weekend?

Jin <u>Good morning, Jamie! Last weekend…umm…just I am happy with my husband.</u>

Jamie What did you do with your husband? Fill me in.

Jin We stopped by a new bar that opened in front of my house.

Jamie Nice. how was it?

Jin We had sake and it was really good. Have you tried sake?

Jamie Not yet. It's a Japanese drink right? I would love to try it later.

Jin <u>You like sake? Do you like to drink beer?</u>

Jamie Yes, I love to drink beer.

Jin Who do you like to drink beer with?

Jamie I like to drink beer with my friends, colleagues, family members and so on. I guess I just like to drink.

Jin <u>I understand. What is your favorite is wine. These days I like drinking white wine.</u>

Jamie I am a wine lover as well, When do you normally go to a bar?

특히 여기서 주목할 점이 있다. 한국사람들은 한국어의 어순에 따라 생각하기 때문에 대답을 할 때 한국식으로 끊어 말하는 경우가 많다는 점이다. 상대방은 여기서 길을 잃게 된다. 예를 들어 위와 같은 대화에서 첫 번째 줄친 대화를 보면 저번주에 뭘 했는지 묻고 있는 Jamie는 행동이나 이벤트에 초점을 두고 질문을 하고 있지만 Jin은 누구와 함께 있었는지 말할 때 'Just'라는 애매한 단어를 중간에 배치하여 '그냥 뭘 했다'라는 것을 말하려는지 아니면 '그냥 행복했다'

는 건지 헷갈리게 대답한다. 의미가 끊겼기 때문에 Jamie는 또 다른 질문을 하게 되고 이 때문에 단순한 대화가 엉키고 있다. 또한 두 번째 밑줄을 보면 '사케'와 '맥주'를 좋아하는지 반복해서 묻고 있다. 분명 상대방은 사케를 먹어보지 못했다는 정보를 전달했지만, Jin은 이를 반복적으로 다시 물으며 사케를 먹어봤다는 전제하에 대화를 이끌어나가고 있다. 마지막으로 'My Favorite is something'이라는 문장을 외우고 있던 Jin은 질문형 문장과 본인의 'Favorite'을 얘기하는 문장을 같이 써버리는 오류를 범했다. 이것은 한국인들이 틀에 박힌 문장을 지속적으로 사용하는 바람에 생긴 문장 사용의 오류로, 원어민 입장에서는 대화를 지속할 수 없도록 대화의 길을 막아버린다.

위와 같은 대화가 지속될 경우 대화의 깊이가 없게 되며 대화의 흐름은 대부분 묘사와 경험으로 채워진다. 이렇게 되면 서로의 공감대는 찾을 수 있지만 정말 그 사람이 어떤 가치관을 갖고 있는지 어떤 생각을 갖고 있는지는 알 방법이 없다. 대화의 주제가 자주 변하는 것은 소통에 있어서 좋은 현상만은 아니다. 한 가지 주제에 대해서 깊게 얘기하고 서로에 대한 생각을 공유하며 공감대를 갖게 될 때 상대방의 의견에 대해 고민해보는 과정이 생기는데, 우리는 이 과정에서 그 사람의 성향을 알아볼 수 있기 때문이다.

머릿속에 영어 스피킹을 위한 영작을 연습하여 뇌로 쓰는 영작을 자주 연습해야 하는 이유는 여기에 있다. 우리는 한국말로는 한 가지 주제에 대해서 깊이 있게 논쟁도 하고 토론도 하고 상대방과 대립하거나 동조하기도 한다. 하지만 영어로는 그렇게 깊은 생각을 표현해본 적이 없는 경우가 대부분이다. 때문에, 어떤 방식으로 내 생각을 표현해야 하는지는 물론 어떻게 해야 내 생각을 상대방에게 효율적으로 전달하고, 논쟁하는 데 있어서도 어떻게 해야 상대방을 설득할 수 있는지 알지 못한다.

간단한 예로 유명한 파워 블로거 A를 가상으로 떠올려보자. A는 어떤 실험을 하거나 경험을 토대로 하여 구독자들에게 정보를 전달하고 다양한 콘텐츠를 생산하는 일을 한다. 이 블로그에서 나오는 콘텐츠는 전 세계적으로 공개할 수 있고 해시태그(#)로 전 세계 많은 사람들이 검색할 수 있다. 이 블로거가 #myexperience #selfie 등의 검색어를 올렸다고 치자. 그 검색어로 이 콘텐츠에 접속한 사람들이 가장 먼저 보는 것은 그 콘텐츠에 대한 설명이다. 이 콘텐츠가 어떻게 만들어졌고 어떤 리뷰들이 달려 있는지, 어떤 방식으로 블로거가 콘텐츠를 생산하는지가 영어로 설명이 되어 있지 않으면 이 콘텐츠는 그야말로 Local 사람들만 볼 수 있는 제한적인 우물 안 개구리의 콘텐츠가 되어 버린다. 다양한 방식으로 한국의 문화와 콘텐츠를 접속하고 있는 전 세계 구독자들이나 한류 팬들에게는 치명적인 소통 장애가 될 수밖에 없다. 이렇듯 한국말로 설명되어 있는 글이나 영상 사진의 경우 대체적으로 그 확장성에 있어서 상당한 제약을 갖게 된다. 내 생각을 자유롭게 표현할 수 있는 능력은 그 콘텐츠의 질과 파괴력, 확장력을 결정하며, 때문에 영어 스피킹 능력으로 콘텐츠 생산자의 경쟁력이 결정된다

이와 같이 피상적인 대화를 피하기 위해서는 내가 쓰고 있는 키워드에 대한 고찰은 물론 스스로 머릿속으로 설명을 하려는 노력이 필요하다. 이런 노력에 의해 말을 하고 싶은 욕망이 생기는 것이고, 이런 욕망은 뇌를 자극하여 내 생각을 표현하는 연습을 하도록 지속적으로 지시한다. 영어 스피킹은 내가 하고 싶은 말을 키워드를 통해 뇌 속에 정리하여 말로 표현하는 것이다. 여기에 어순이나 단어 그리고 문장 구조는 지속적인 연습을 통해 다듬어지고 입으로 나오기 전에 정제되어질 수 있는 것이다.

영어로 내 생각을 표현하는 것, 즉 다양한 사람들의 스피치를 자주 접하고 써보고 주제에 대한 깊은 고민을 '영어로' 해보는 것은 영어로 소통하는 것에 더하여 깊은 대화로 인간관계를 형성하는 데 가장 중요한 역할을 한다. 그러나 말

로 하는 대화는 앞서 얘기한 것처럼 휘발성이 강하기 때문에 스스로 기억하거나 되새기기 힘들다. 상대방의 생각이나 의도 역시 기억하기 힘들 수 있다. 때문에 한 가지 주제에 대한 다양한 생각을 뇌로 정리하는 것과 머릿속에 에세이를 써 보는 것, 다른 사람의 피드백을 받는 것, 혹은 어떤 글에 대해서 반박하거나 동조하는 글을 쓰는 것은 영어로 다른 사람과 대화를 나누는 'Speaking Skill' 역시 향상시킨다. 더불어 영어로 생각하고 고민하고 상대방을 설득하는 능력을 키울 수 있다.

예를 들어 외국인 남자 친구를 사귀는 한국인 여성이 있다고 치자. 의사소통은 영어로 하고 사랑 표현도 영어로 한다. 서로 의견 대립이나 다툼이 있을 때에도 역시 영어로 한다. 사랑 표현이나 평소 대화에 있어서 서로 소통하는 데 큰 어려움이 없을 정도로 여성의 영어 실력 특히 스피킹 실력은 수준급이지만 막상 다툼이 있게 되면 서로 갈등을 해소하는 데 어려움을 호소한다. 이유는 간단하다. 내 생각을 혹은 나의 포인트를 정확하게 상대방에게 전달하는 데 능숙하지 못하고 상대방 역시 나의 의견이나 생각을 제대로 파악하지 못하기 때문이다. 물론, 여성은 A라는 이유 때문에 기분이 나쁘지만 남성은 왜 그것이 기분이 상할 일인지 이해하지 못해서 갈등이 해소되지 못하는 것도 있다. 하지만 중요한 것은 기분이 나쁜 이유보다 그 이유를 설명하는 과정이 제대로 전달되지 못한다는 것이 문제다.

이럴 때 가장 좋은 해결 방법은 혼자 머릿속으로 글을 써보는 것이다. 머리로 끊임없이 스피킹을 위한 글을 쓰면서 상대방에게 나의 생각을 전달하고 내가 무엇 때문에 기분이 안 좋았는지 섭섭했는지 스스로 정리해보고 고민해볼 수 있는 시간을 가지면, 둘 사이에 갈등을 풀 수 있는 열쇠를 찾을 수 있다. 뭐 때문에 기분이 상했는지 스스로 깨닫게 되면, 글을 써 내려가면서 감정이 정리가 되고 나도 모르게 상대방과 글 안에서 대화를 하는 효과를 얻을 수 있다.

이렇듯 글로 내 마음이나 의견을 표현하는 것은 가장 고차원적인 스킬이며, 글을 통해 내 생각을 자유자재로 표현하는 것은 인간관계에 있어서도 중요한 장점이다. 따라서 필자가 개발한 영작문 기반의 영어 스피킹 학습법을 습득하면 내가 원하는 목표를 이루는 것은 물론 넓고 깊은 글로벌 인적 네트워크를 만들어 경쟁력이라는 중요한 무기도 갖출 수 있다.

필자가 개발한 스피킹 학습법은 한국의 기존 영어 교육 방식과는 조금 다르다. 영작을 기반으로 하며 내 생각을 자유자재로 뇌에 새기고 그것을 휘발성 없이 언제든지 꺼내어 쓸 수 있기 때문이다. 영어 스피킹은 겉으로 들리는 화려한 말솜씨보다는 깊이 있고 내 생각을 독창적으로 논리적으로 표현할 수 있는 능력이 훨씬 중요하다. 때문에 영작을 기반으로 한 스피킹 학습법은 강조되어야 한다. 이는 머릿속으로 글을 써보고 다듬고 이를 입으로 표현하여 뇌로 새기는 과정을 거쳐야 한다. 글은 내 생각을 스스로 정리할 수 있는 중요한 도구다. 상대방에게 글로 생각을 전달하였을 때, 자신만의 진짜 언어로 큰 감동을 주며 휘발성 없이 오래도록 상대방의 머릿속과 가슴속에 남게 된다.

인간관계에 있어서도 상대방에게 큰 임팩트를 주기 위해서는 진짜 내 안에 있는 진심이 전해져야 한다. 이처럼 영어로 나만의 생각을 표현하는 능력이나 과정은 경시되어서는 안 되며, 체계적인 교육과 꾸준한 노력이 필요하다. 스스로 키워드를 연상하여 구문에 대입하고 문장을 완성하며 이를 나만의 스타일을 가지고 입으로 표현하는 과정의 중요성은 더 이상 강조할 필요가 없을 정도로 매우 절실하다. 이 책의 목적이 여기에 있다. 나만의 방식을 터득하여 오랫동안 머리에 남는 스피킹 시스템을 탑재하도록 하는 것이다. 휘발성 없는 학습법의 중요성과 역할을 깨닫고 느끼게 되면 어떤 방향으로 영어공부를 해나가야 하며 어떤 부분에 중점을 두어야 할지 알 수 있을 것이다.

그렇다면 영어 문장을 뇌에 새기기 위해서는 어떻게 해야 할까? 일단 영작을 직접 해보되 머릿속으로 해보며 입으로 같이 소리 내어 말하는 방법을 추천한다. 예를 들어 'I think I am very communicative, interactive and creative when I am working with my boss.'라는 문장이 있다고 가정해보자. 여기에 앞에서 언급한 확장형으로 문장을 첨가해보자.

> I think I am getting more communicative, interactive and creative with my boss where I have full-motivation on the project with him.

이런 문장을 지속적으로 확장시켜 나가기 위해서는 이 문장들의 키워드를 머릿속으로 계속 생각해야 한다. Boss, Project, Creative 등의 단어를 주어로 해서 'Creative Projects are always motivating me when I am working with my Boss.'와 같이 문장을 다시 만들어 보자. 이런 식으로 여러 가지 문장을 소리 내어 읽으면서 스스로 만들어보고 다시 확장하는 방법은 상당히 효율적인 학습을 가능하게 한다.

이 과정에서 영작은 필수 스킬이다. 그러나 이것저것 법칙을 고민하지 말고 계속 얘기하고 변형시키며 시도해보고 만들어보자. 이렇게 따라하면 문장이 생각보다 머릿속에 깊게 박히게 되어 오래도록 입에서 맴돌게 된다. 이런 식으로 입에 익숙해진 구문, 그리고 단어들을 다양한 방식으로 스스로 말하고 고쳐보며 실전에서 사용하는 것은 너무나도 중요한 스피킹 학습법이다. 이는 영작이 영어 스피킹에 정말 중요한 역할을 한다는 것을 보여주는 좋은 예이기도 하다.

영작을 이용해 영어 스피킹에 응용하려면 일단 영작문의 기본을 터득하는 것이 중요하다. 여기서 'Writing'과 'Speaking'의 다른 점을 살펴보자. 'Writing'은 직접 손으로 써보고 연습하고 터득하는 것이다. 한편 'Speaking'은 머릿속으로 문장을 영작하고 영작문이 익숙해지도록 자꾸 말해보고 수정하고 다듬는다는 점에서 다르다. 필자가 이전에 출판했던 『저절로 써지는 영어 에세이』의 '영작 Skill'을 이용하면 머릿속으로 하는 영작 방법을 통해 머릿속에 있는 문장을 체계화하여 상처 없이 온전히 입 밖으로 꺼내 말하는 연습을 할 수 있다.

영어스피킹을 위한 뇌새김 영작 학습과 수학이 단순 암기 과목과 다른 점은 '공식'이 있다는 것이다. 수학에서 공식을 외우는 가장 효율적인 방법 중 하나는 그 공식을 이용해서 많은 문제를 푸는 것이다. 이처럼 영어에서 단어를 외우는 방법 중 가장 좋은 방법 중 하나는, 그 단어를 응용해 자기 문장들을 써보는 것이다. 필자는 이와 같은 특징에 착안하여 오랫동안 분석했고, '필수 영어구문으로 만든 영어 스피킹의 기본 공식'을 개발했다. 이를 이용하면 영어 울렁증으로 고생하고 있는 영어 회화 왕초보의 스피킹을 위한 영작에 대한 두려움을 없애고 영작에 대한 자신감을 얻게할 수 있다. 또한 빠른 시간에 세련된 문장을 말하고 뇌에 새겨 휘발성 없는 영어 스피킹을 할 수 있다.

뇌로 하는 영작법의 가장 중요한 요소는 관심 키워드이다. 영작에 필요한 키워드 선정과 다른 점은, 내가 주로 많이 쓰는 단어와 문장을 일단 머릿속에 새겨 넣고 이를 발전시킨다는 점에 있다. 내가 좋아하는 혹은 표현하고 싶은 대상을 정하고 그 대상에 맞는 단어를 골라서 하나씩 붙이며 문장을 완성해 나가자. 그 문장들이 모여서 스피킹을 위한 뇌에 새기는 영작이 될 것이다.

여기서 가장 중요한 것은 내가 표현할 문장의 가장 핵심이 되는 단어를 고르는 것이다. 그 단어를 책의 후반부에 있는 구문들 중에 하나와 매칭시켜 머릿속에서 대입해보자. 예를 들어 키워드가 'Wealth Distribution(부의 분배)'일 때,

평소에 빈부격차에 대해서 많은 생각을 했고 최근 어떤 이슈로 인해 그 문제에 대해 더 많은 관심을 갖게 되었다고 말해 보자. 그리고 하나씩 살을 붙여보자. 살을 붙일 때 크게 복잡한 문장이나 문장 구조일 필요는 없다. 자 그럼, 한 단계씩 연상법으로 살을 붙이는 과정을 예로 들어보겠다.

'It is called wealth distribution'이라고 썼다면 앞에 설명하는 문장이 있어야 한다. 그 문장에는 'When there is a gap between the poor and the rich' 같은 문장을 앞에 붙일 수 있고, 'there might be the issue in wealth distribution'이라는 문장을 뽑아낼 수 있다. 그리고 'When there is a gap between the poor and the rich, the society can embed the barrier to be rich'라는 문장을 연상해볼 수 있다.

앞에 문제 제기하는 문장을 붙여, 필자가 엄선한 구문에 단어를 대입하고 문장을 만들어보자.

- It is a generally accepted fact that Korea is struggling against the issues of wealth distribution.
- When there is a gap between the poor and the rich the society will systematically embed the barriers to be rich.
- It is recommendable for the government to implement the right tax policy to solve this issue.

등 세 가지 문장으로 서론, 본론, 결론의 포인트를 집어낼 수 있다.

키워드를 연상하여 문장을 디자인하는 방법, 즉 '5BOX 키워드 연상법'에서 가장 중요한 요소는 순환이다. 첫 번째 연상한 단어인 Wealth Distribution과 마지막 Tax Policy 간에는 밀접한 관계가 있어야 한다. 그래야 머릿속에 하나의 큰 연관성을 갖고 지속적으로 키워드를 뽑아낼 수 있는 스토리라인을 만들 수 있다. 정리하면 처음 연상한 단어는 결국 서론에 들어갈 핵심 내용이 되고, 마지막 키워드는 결론을 구성하는 중요한 단어가 된다. 서론에서 문제를 제기하고 결론에서 해답을 도출하는 구조이기 때문에 처음 단어와 마지막 연상단어는 서로 '회귀(Regression)'하는 성향을 띠어야 한다. 즉, 처음 나온 단어가 여러 단어로 변형될지라도 결국은 처음 단어와 마지막 단어는 의미가 통해야 한다. 그래야만 완성도 있고 통일성 있는 스크립트가 된다. 이러한 키워드를 머릿속에 지속적으로 체류시키고 발전시키기 위해서는 다음 계층도를 이용하면 좋다. 서로 연관성을 갖는 키워드들을 큰 원을 그리듯 연결해 보자.

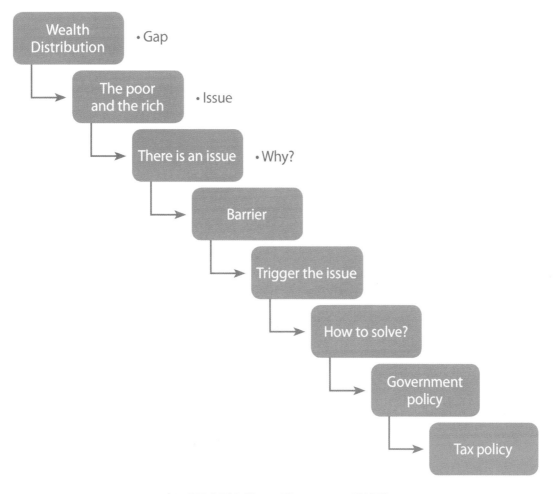

〈스피킹에 필요한 스크립트 Source 연상법〉

앞의 과정을 단계별로 풀어보면 아래와 같다.

1. **머릿속에 새길 스크립트 키워드를 하나 정한다.**

   – Wealth Distribution(부의 재분배 or 빈부 격차 문제)

2. **스피치 인트로에 어울리는 구문을 하나 정해서 대입한다.**

   – 최근에 문제가 되고 있는 이슈

   – Social Welfare(복지), National Pension System(연금), Tax Evasion(탈세),

   Real Estate(부동산)

3. **이슈가 되는 이유를 설명하는 키워드를 정한다.**

   – Gap between / Society Barrier

   – 부의 대물림 현상이나 재벌의 갑질 문제 등 자극적인 키워드이면 더 좋다.

4. **구문에 대입한다.**

   – 적당한 동사와 부사로 구문을 꾸며 문장을 만든다.

   – Systematically / Embed

5. **Why에 대한 답을 찾기 위해 Issues를 분석한다.**

   – 해결 방안에 필요한 키워드를 탐색한다.

6. **해결 방안을 위한 키워드를 도출한다.**

   – Tax Policy / Government

7. **스피치의 결론에 쓰이는 구문(it is recommendable that S + V)에 대입한다.**

8. **서론, 본론, 결론의 핵심 문장에 부사구나 부사를 넣어서 더 탄탄하게 다진다.**

9. **핵심 문장을 기반으로 앞뒤에 인과 관계에 맞는 문장을 추가한다.**

10. **전체적인 흐름에 맞게 문장을 재배치한다.**

    – 접속사로 재배치된 문장 사이의 관계를 완료한다.

    – 물리적인 위치를 바꿀 필요는 없다.

이 과정을 몇 번씩 반복하면 자연스럽게 내가 원하는 글을 완성하는데 필요한 키워드를 고르는 능력이 향상된다. 또한 이 책에서 추천하는 엄선된 구문을 참고해 문장을 만들다보면, 자주 쓰게 되는 구문이 생기게 된다. 이렇게 익숙해진 키워드와 구문을 활용해 문장을 만들다보면 곧 나도 모르게 문장 간 인과 관계가 접속사의 사용에 능숙해 지고, 전체적인 큰 그림을 보는 시야도 생기게 된다. 따라서 최종적으로는 주제에 맞는 자연스러운 글을 쓸 수 있을 것이다.

사실 스토리라인을 디자인하는 데 있어서 서론, 본론, 결론은 뒤바꿔서 써도 무방하다. 그러나 스크립트를 디자인할 때, 그리고 그 과정에서 내 입에 딱 맞는 스피치를 위한 영어 작문을 할 때 서론, 본론, 결론, 즉 'Intro/body/conclusion'을 기본 틀로 하여 쓰는 이유는 머릿속에 전체적인 스토리라인을 잡아서, 하나의 완성된 글로 귀결짓기 위해서다. 그렇기에 스피킹을 위한 스크립트를 미리 머릿속으로 디자인하는 연습은 그 무엇보다 중요하다. 머릿속에 전체적인 이야기에 대한 틀을 갖추고 말하는 것과 중구난방으로 여러 가지 이야기를 나열하는 것을 비교하면, 청자의 이해도 면에서도 현저한 차이가 보인다. 이는 주목할 만한 포인트이다. 이야기를 시작할 때, 즉 무언가를 청자에게 전달하고자 할 때에는 기본적으로 머릿속에 있는 이야기들을 효율적이고 체계적으로 재구성하고 정돈하는 과정이 필수적이다. 그 때문에 키워드를 이용한 스토리라인 디자인은 어떠한 목적으로 스피치를 하든 가장 중요한 선행 요소이다.

스토리가 정돈되지 않은 이야기들은 휘발성이 강해 청자의 머릿속에 오랜 시간 동안 남아 있지 못한다. 이렇게 되면 소통의 효율성 측면에서도 상당히 부정적인 결과를 초래하게 된다. 모국어가 한국어인 경우에는 다양한 지식과 언변을 위한 스킬, 그리고 연음에 대한 충분한 연습을 통해 언어의 신축성을 컨트롤할 수 있다. 그렇기에 이야기가 잘못된 방향으로 가더라도 경로를 수정할 수 있다.

그러나 한국인이 영어로 이야기를 풀어 나가려고 할 경우에는 키워드를 머릿속에 지속적으로 떠올리며 이야기의 방향을 잡아 나가는 연습이 필요하다.

키워드를 정렬, 연상, 재배치하는 과정을 통해 이야기의 정반합(正反合)에 대한 기본 원리를 깨닫고 숙달시켜 다양한 논지를 펼 수 있는 신축성 있는 스토리라인을 디자인할 수 있다. 쉽게 풀어 설명하면 어떠한 논지에 대한 찬성, 반대 그리고 절충점에 대한 키워드를 갖고 이야기를 진행해야 이야기의 흐름에 막힘이 덜하다는 것이다. 그러니 이야기의 소스가 떨어졌을 때는 자연스럽게 반대되는 입장을 언급하면서 스토리의 강약 조절을 하면 좋다.

오른쪽에 소개된 지문은 키워드를 뽑아 브로카 학습법, 5BOX Keywords 영작법, 그리고 구문 대입 영작법을 통해 학생들이 작성한 에세이이다. 이 에세이는 프레젠테이션을 위한 스크립트 작성에 사용될 수 있도록 수정되고 재구성될 수 있는 예문들이다. 이 에세이에 나오는 문장과 예문들을 이용하여 나만의 스피킹 스크립트를 만들어보고 마스터 플랫폼을 뽑아내는 연습을 해 보자.

Some people think that a person improves their intellectual skills more when doing group activities. To what extent do you agree? Use specific details and examples to explain your view.

In recent decades, many researchers have studied the importance of group-level cognition. Indeed, to my mind, there is now convincing evidence that group activities improve the intelligence of individuals. In this essay, I shall examine how research in team-games and study-groups supports this view.

To begin with, team-games clearly require individuals to perform a diverse range of rapid mental calculations. This is because, in a sporting context, players must predict and anticipate possible actions within tight time constraints. For example, a recent Cambridge study showed that soccer players can – within the span of seconds – calculate over a dozen different permutations that could result from a single soccer related action. Such predictive powers clearly improve players' mental abilities and result from activities performed in a group context.

Secondly, study-groups enable individuals to obtain information that they could not acquire in isolation. This is because peer feedback allows individuals to refine their understanding of concepts and to also learn new information from other members in the study-group. For example, a study by The British Institute for Learning found that, if individuals participated in study-groups, they had a far more objective and sophisticated understanding of a topic than learners who were not part of study-groups. Therefore, it is certainly the case that learning in a group improves an individual's mental abilities.

In conclusion, I strongly agree with the notion that group activities improve intellectual abilities. In the future, we will certainly see schools take greater measures to ensure that more group-level cognition occurs in the classroom.

첫 번째 예시문을 통해 '(내가 좋아하는 구문) + (쉐도잉을 통해 예문에서 가져온 문장) = (새로운 스피킹 마스터 플랫폼을 만드는 방식)'으로 진행하며 각예문당 5개의 마스터 플랫폼을 만드는 연습을 해 보자.

It is a generally accepted fact that + 주어 + 동사

〈내가 좋아하고 자주 쓰는 구문〉

there is now convincing evidence that group activities improve the intelligence of individuals

〈쉐도잉을 통해 예문에서 가져온 구문〉

It is a generally accepted fact that there is now convincing evidence that group activities improve the intelligence of individuals

〈나만의 스피킹 루트 디자인을 위한 새로운 마스터 플랫폼〉

〈내가 좋아하고 자주 쓰는 구문〉

〈쉐도잉을 통해 예문에서 가져온 구문〉

〈나만의 스피킹 루트 디자인을 위한 새로운 마스터 플랫폼(4가지 문장 재구성)〉

스피킹을 위한 뇌에 새기는 영작법에서 가장 중요한 포인트는 다음과 같다.

1. **구문의 활용**
   - 내가 즐겨 쓰는 구문을 마스터 플랫폼에 추가한다.
   - 마스터 플랫폼에 대한 설명은 뒤에서 다루기로 한다.

2. **내가 좋아하는 문장을 머릿속에서 외우자.**
   - 그 문장에서 단어만 바꾸어도 모든 글에 적용했을 때 자연스럽다는 것을 느끼게 된다.

3. **키워드의 선택을 신중하게 하자.**
   - 키워드를 잘못 고르면 전체적인 흐름이 부자연스러워지고 전체적인 내용이 내가 의도한 방향과는 다르게 흘러갈 수 있다.

4. **서론, 본론, 결론에 맞게 부사와 접속사를 선택해보자.**
   - 부사와 접속사 역시 많은 종류를 다양하게 사용하기보다는 내가 좋아하는 몇 가지를 적절하게 변형시킨다는 생각으로 접근하자.

5. **동사의 선택에 있어서 너무 정확한 표현을 하기보다는 포괄적인 동사를 사용해서 앞뒤에 문장을 디자인할 때 유연성을 갖도록 하자.**
   - 예를 들어 'Embed'라는 동사는 여러 가지 용도로 활용할 수 있고, 앞뒤 문장과도 크게 대치되지 않는 중의적 의미를 갖고 있다.

6. **머릿속에 새겨놓고 활용하는 마스터 플랫폼에 있는 문장을 그대로 쓰고 단어만 대입하다 보면 모든 주제에 크게 벗어나지 않는 안전한 문장을 만들 수 있다.**
   - 부사와 동사를 바꿔서 의미를 다시 확인해보자.

7. **단어-구문-문장-단락의 순으로 살을 붙여 나가는 과정을 반복하여 내가 원하는 의미가 전달되도록 조금씩 다듬어서 '발효'시켜 보자.**

8. **수정이 필요할 경우, 문장 전체를 바꾸기보다 동사-형용사-부사-접속사 순으로 수정하면 뜻을 전달하는 데 있어서 큰 문제없는 자연스러운 문장이 만들어진다.**

02 영어 스피킹을 위한 뇌에 새기는 영작 마스터 플랫폼

나만의 스피킹 방법을 터득하기 위한 영작 '마스터 플랫폼'을 만들어야 하는 이유는 영어 학습의 입력값(Input)들 중에서 내가 선호하고 자주 쓰는 관심 문장을 만들어 출력값(Output)을 최대화하기 위해서다. 마스터 플랫폼이 있으면 내가 만드는 마스터 키를 활용해 방대한 영어의 세계에서 나만의 영역을 확실히 구축하고 그 안에서 모든 표현과 응용을 할 수 있는 것이다. '중학교 때 배운 어휘와 문법'만 확실히 숙지하고 머릿속에 들어 있다면 외국인과 대화하는 데 전혀 문제가 없고 외국에 나가 생활하는 데 아무런 불편함이 없다는 말이 있다. 때문에 영어 학습, 특히 영작의 경우 많은 양의 문법, 단어, 구문, 문장, 표현 등을 선별없이 받아들여 휘발성 강한 학습을 반복하는 것이 가장 큰 실패의 원인이다. 이런 학습은 정작 머릿속에 아무 것도 남기지 못한다. 때문에 영어 학습에도 '선택과 집중'이 중요하다.

영어 스피킹 학습을 할 때에는 지극히 '이기적인' 영어를 학습해야 한다. '이기적인 영어 학습'이라는 것은 어떤 뜻일까? 말 그대로 내가 좋아하는 문장, 단어, 구문, 표현, 주제를 정해 그 위주로만 공부하는 것이다. 넘쳐나는 정보를 모두 수용할 필요는 없다. 모두 자기 것으로 만들 필요는 더더욱 없다. 원어민의 경우에도 평생 사용하는 단어가 5천 개가 넘는 경우는 흔하지 않다고 한다. 하지만 국내의 입시생들이나 학생들은 너무나 많은 단어와 교재 혹은 주제를 학습하고 읽고 받아들이고 있다. 이 많은 분량을 자기 것으로 소화하는 것은 불가능하고 그렇게 할 이유도 없다. 영어 학습을 할 때 내가 어려워하거나 활용이 미숙한 표현, 구문, 주제는 과감하게 버려라.

옛말에 '버리는 것'을 잘해야 살림을 잘한다는 말이 있다. 영어 역시 마찬가지이다. '선택과 집중'을 얼마나 잘하느냐가 언어학습의 효율성을 좌우한다. 내가 관심 없는 내용은 무시하고 버리고 크게 신경 쓰지 않아야 한다. 다만 내가 좋아하는 단어 주제, 단어, 구문은 적어서 내 것으로 만들고 활용해야 한다. 내가 좋아하는 주제 단어 구문은 철저하게 자기 것으로 만들어라. 나의 마스터 플랫폼에 그런 단어나 표현들을 하나씩 정리하여 영작할 때 활용하면 그 문장이나 표현들은 점점 나에게 스며들어 내 것이 된다.

마스터 플랫폼을 만들고 이를 다듬고 발전시키는 가장 큰 이유 중에 하나가 바로 여기에 있다. 내가 좋아하는 단어와 표현 문장들로 이루어진 나만의 스피킹 루트를 개발하자. 말할 때 이를 활용하고 사용하고 내 것으로 만들며 나아가 그 플랫폼을 통해 더 많은 문장을 응용하고 터득하다보면 나도 모르게 조금씩 많은 문장이나 표현과 단어들을 머릿속에 자연스럽게 스며들게 할 수 있을 것이다. 이런 방식의 영어 학습법을 통해 영어 회화 실력이 월등하게 향상된 수많은 케이스들이 '이기적인' 영어 학습을 해야 한다는 필자의 주장을 뒷받침해주고 있다.

이기적인 영어 학습에 필요한 이 마스터 플랫폼을 디자인하는 데 있어서 놓치지 말아야 하는 것은 하나의 완벽한 스토리, 즉 기승전결 혹은 'Intro + Body + Conclusion'의 구조를 갖는 플랫폼을 디자인하는 것이다. 물론 그 안에 있는 스토리는 나의 이야기가 들어 있어야 좋다. 내가 갖고 있는 스토리를 녹여낸 문장 안에는 내가 좋아하는 문장, 표현, 단어들이 들어 있다. 그 문장들을 다른 방식으로 표현하고 말하고 응용하다보면 나도 모르게 그 마스터 플랫폼에 애착이 생기게 되고 내 머릿속에 뚜렷하게 자리잡게 된다는 것을 다시 한번 강조한다.

자, 이제 나만의 스피킹 플랫폼을 통해 스피치 영작 루트를 디자인해보도록 하자. 일단 Intro에 들어가야 할 가장 중요한 내용은 이슈에 대한 관심을 불러일으킬수록 좋다. 주의 환기를 위해 요즘 많이 이슈가 되고 있는 내용들을 삽입하면 독자들로 하여금 관심을 일으킬 수 있다. 또한 내가 관심 있는 주제가 들어가 있는 내용과 이슈여야 '이기적인' 플랫폼이라고 할 수 있을 것이다.

그럼 이제 내가 좋아하는 주제에 대한 내용과 이슈를 떠올린 후 어떤 내용이 들어가고 어떤 문장 구조를 쓰는 것이 좋을지 고민해보자. 필자의 경우 환경 분야에 관심이 많으므로 환경 문제에 대한 문장을 만들어보겠다.

> It is a generally accepted fact that the global warming is one of the most controversial issues these days.

이 문장을 보면 통상적으로 자주 쓰이는 구문 두 개가 들어가 있다. 'It is a generally accepted fact that S + V ~'에서 that 이하는 보편적으로 받아들여지고 있는 사실을 의미한다. 즉, 요즘 이슈가 되고 있는 사실이라는 뜻이다. 문장 구조를 이끌어가는 틀이 일단 세련되고 많은 이야기를 할 수 있는 구문 중 하나이기 때문에 필자가 많이 애용하고 있다. 'One of the most controversial'이라는 표현 역시 intro에 많이 쓰이는 긴장감을 일으키는 표현 중 하나이다. 여기에 다른 주제를 대입시켜도 얼마든지 많은 의미를 표현할 수 있고 어떤 단어를 대입해도 어떤 문장을 대입해도 어색하지 않다.

Body에 들어가는 아래의 문장 또한 마찬가지이다.

> I anticipate some new problems will arise as a result of Trump's withdraw from Paris Climate Agreement.
> 트럼프의 파리 기후 조약 탈퇴로 인해 새로운 문제가 생길 것으로 기대된다.
> ⇔ I anticipate (that) some new problems will arise as a result of ~

여기에서도 마찬가지로 위의 문장을 통째로 외워두면 of 뒤에 오는 명사를 바꿔 수많은 문장을 만들어 표현할 수 있다. 이처럼 다양한 주제에 맞는 구문들을 하나 골라서 그 안에 키워드를 하나씩 대입하면 조금 더 쉽게 작문을 완성할 수 있다.

Conclusion에 들어가는 문장도 살펴보자.

It goes without saying that the environmental pollutions should be treated as the most crucial agenda in the agreement between the countries.
환경문제가 국가 간 조약에 있어서 가장 중요한 문제로 받아들여져야 하는 것은 당연한 일이다.

교육문제 인구문제 혹은 문화적인 차이에 따른 이슈 등등 몇 가지 주제에 맞는 문장을 만들어서 본인이 자주 쓰는 단어와 표현으로 플랫폼에 입력하고 자주 쓰는 문장으로 기억해보자. 이 문장들의 활용도가 높아질수록 조금 더 다양하고 풍부한 표현을 할 수 있다. 그리고 이것은 나만의 영어 마스터 키가 될 것이다.

마스터 플랫폼의 디자인은 물론 어떤 방식으로 어떤 문장들을 써서 기록해놓을 것인가는 개인적인 취향에 따라 다를 수 있다. 내가 좋아하는 문장이나 표현들로 다양한 방식의 디자인을 할 수 있다는 뜻이다. 중요한 것은 그 플랫폼의 발효과정이다. 발효과정이란 내가 좋아하는 문장이나 표현들을 조금씩 다듬고 변형시키고 여러 가지 응용버전을 만들며, 내가 필요 없거나 잘 쓰지 않는 문장들은 버리고 잘 쓰는 문장과 더 유용한 문장들을 위주로 자꾸 수정해나가는 것을 의미한다. 즉, 완성도 높고 좀 더 Compact한 플랫폼을 만들되 머릿속에 확실히 들어간 구문은 지우고 내가 많이 쓰지만 덜 익숙한 문장 위주로 조금씩 수정하는 과정을 거쳐야 한다.

영어 단어/구문/표현 고르기	선별하여 활용하기(문장 만들기)	나만의 스피킹 문장 만들기
내가 좋아하는 구문이나 단어 표현 등을 일상생활이나 학습에서 찾아내 발췌하기	내가 발췌한 표현을 필요한 상황이나 목적에 따라 한 문장 한 문장 직접 만들어 활용해보기	내가 자주 쓰는 구문이나 단어 숙어 등을 정리해 놓은 노트를 통해 그리고 내가 자주 쓰는 문장을 통해 하나의 완성된 글 (스크립트)을 직접 만들어보기

〈스피킹을 위한 뇌에 새기는 영작문의 디자인 과정〉

이번에는 마스터 플랫폼의 활용 방법에 대해 간략히 설명하려고 한다. 우리가 어떤 상황에 닥쳤을 때 혹은 어떠한 현상에 대해서 설명할 때 자기 의견을 피력하면 그 의견에 대한 피드백을 상대방으로부터 받게 된다. 반대로 상대방으로부터 받은 피드백이나 의견을 바탕으로 또 다른 글이나 의견을 내기도 한다. 나만의 마스터 플랫폼을 통해 영작 실력을 늘릴 수 있는 절호의 찬스가 이때 생긴다. 내가 쓴 글을 토대로 상대방이나 독자가 느끼는 점이나 찬성 혹은 반대하는 입장을 수집하자. 그것을 보여주고 내가 쓴 글에 부가 설명을 달거나 반대하는 의견에 대한 방어 논지를 펴가며 내가 쓴 스크립트를 발전시키는 과정에서 그와 연관된 수많은 문장들을 만들어나갈 수 있다.

이 과정에서 필자가 추천하는 구문들을 이용하여 다시 문장을 만들어나갈 수 있다. 물론 본인이 평소에 많이 쓰거나 접하는 구문이나 문장 단어를 사용하는 것도 좋다. 그러나 자신이 없다면 우선 이 책에 소개되어 있는 구문을 이용해서 내가 관심 있는 분야의 추가적인 의견을 내고 이와 관련한 여러 가지 문장을 만들어보자. 이 과정을 통해 내가 만든 문장들 중 마음에 드는 문장이 있다면 다시 응용해서 다른 문장을 만드는 과정을 반복하자. 그러다보면 특정 주제에 대한 글을 쓰거나 Speaking을 할 때 자신감을 갖고 수많은 주제로 수많은 이슈를 풀어나가며 의견을 자유자재로 표현할 수 있다. 물론 다른 주제가 나와도 마찬가지이다. 어떤 주제가 나오든 공식에 맞춰서 내가 만들어 놓은 플랫폼, 즉 틀에 맞춰서 대입만 하면 말이 되는 문장이 나오는 것이다. 따라서 영작 플랫폼을 사용하면 수백 개의 문장이 만들어지는 참으로 신기한 경험을 할 수 있을 것이다.

플랫폼을 활용해 영작을 반복하면 지식도 생기고 사고의 폭도 넓어져 자연스럽게 관심과 호기심이 더 많이 생기게 된다. 이는 마치 어린 시절 단어를 떠올리는 경험과 유사하다. 그 단어가 어떤 동작을 하는지 어떤 역할을 하는지 머릿속으로 상상을 하여 동사를 생각해내고 그 동사에 목적어를 붙이며 부사를 붙이고 문장에 살을 하나씩 붙여나가는 과정 말이다. '연상 학습'과도 비슷한 방식의 학습 방법이다. 머릿속에 떠올린 단어로부터 추가적으로 연상되는 단어를 연결시킴으로써 그 단어 사이의 관계와 목적 그리고 떠오르는 이미지들을 추가적으로 추론하여 하나씩 문장을 완성시켜 나가기 때문이다. 한 문장이 머릿속에 완성되면 그 문장의 뜻을 토대로 관련 문장을 추가적으로 소환하여 두 문장 간 관계를 고민할 수 있는데, 이렇게 관계를 설명하는 문장을 추가적으로 생각하며 지속적으로 연관된 문장과 단어, 구문(Paragraph)을 완성해나가는 과정을 반복할 수 있다. 또 하나의 창의적인 스피킹을 위한 뇌에 새기는 "휘발성" 없는 문장을 완성해나가는 것이다.

다음 내용으로 이어지는 세 이미지는 필자가 제안하는 스피킹을 위한 뇌에 새기는 영어 문장 창작과정을 3가지로 분류한 것이다.

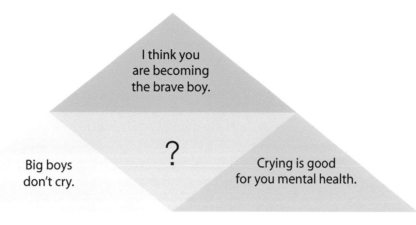

〈관계형(relationship) 문장 소환(call) 프로세스〉

관계형 문장 소환 프로세스는 서로 밀접한 관계가 있는 몇 개의 문장들의 키워드나 연관성을 머릿속으로 상상하고 연결시켜 말을 할 때 관계대명사나 혹은 다양한 기법을 이용하여 결합하고 거기서 새로운 문장을 소환해나가는 방법이다. 머릿속에 떠도는 몇 가지 문장들의 연관성을 고려하여 내가 말할 문장에 선택적으로 대입하는 것인데 이것은 관련 주제에 대한 어느 정도의 사전지식이나 알고 있는 문장들을 조합하여 나만의 새로운 문장을 만들거나, 각 문장의 핵심 키워드를 발췌하여 나만의 유용한 구문에 대입하는 방식으로 더욱 풍성한 문장을 말하는데 도움이 될 수 있다. 이렇게 하여 내 머릿속의 문장들을 재조합하면 나만의 마스터 플랫폼, 스피킹을 위한 Template 문장을 머릿속에 오랫동안 기억할 수 있다.

연상형 문장 소환 프로세스는 주어를 일단 정하고 동사와 목적어 혹은 그 주제에 관련된 키워드들을 하나씩 붙여 나가면서 문장을 완성하는 방식인데 영어의 어순에 익숙하고 이러한 어순을 기반으로 생각할 수 있는 독자에게 추천할 수 있는 스피킹 프로세스이다. 즉, 주어를 뒷받침하는 동사나 목적어를 일단 선정하고 여기에 내가 평소에 생각했던 문구나 내용을 뒤에 차례대로 붙여서 피라미드처럼 문장을 붙여나가는 방식이다. 여기에 'and'라든지 'that + 주어 + 동사' 등을 붙여서 문장의 길이를 지속적으로 길게 만들어나가는 방식을 연습하자. 영어 어순에 대한 이해와 독해에도 큰 도움이 될 수 있다.

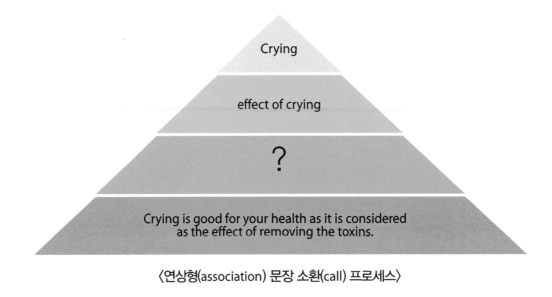

〈연상형(association) 문장 소환(call) 프로세스〉

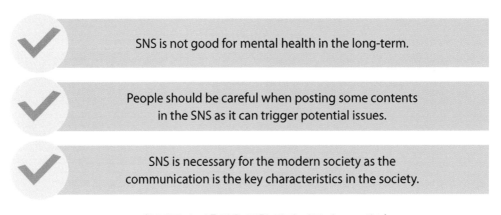

〈찬반론과 절충안을 통한 문장 만들기 프로세스〉

마지막으로 정반합(正反合)에 기초를 둔 스토리텔링 방식이 있다. 모든 주제에 있어서 찬성과 반대의 입장을 양쪽으로 생각하고 그 두 가지를 절충한다는 방식으로 이야기를 이끌어나가는 기법이다. 이러한 방식은 주제에 대한 깊은 지식이 없어도 양쪽 찬반입장을 골고루 언급하며 절충되는 지점을 찾도록 이야기를 이끌어나갈 수 있다. 이 경우에는 'I partly agree that + 주어 + 동사'와 같은 방식으로 어느 한쪽에 치우치는 것이 좋지 않다는 논지를 이끌어나가면 된다. 스피킹을 할 때 내가 전문적인 지식을 갖고 있지 않다면 이와 같이 중립적인 입장으로 대화를 전개해나가는 것도 유용하다.

제시하는 세 가지 방법 중에 본인에게 더 익숙한 방법을 골라서 문장을 완성하고, 추가적으로 연상되는 문장을 만들어서 구문을 활용하자. 단, 추가적으로 영작을 할 때에 기존의 본인이 쓴 문장을 토대로 쉽게 접근할 수 있는 의미를 갖고 있어야 하며, 최대한 길게 문장을 연장하여 다양한 표현을 머릿속에 입력할 수 있도록 지속적인 트레이닝이 필요하다는 점에 주목해야 한다.

스피킹을 위한 뇌에 새기는 영작을 잘하려면 상상력이 풍부해야 한다. 또한 본인의 의견을 간결하지만 강렬하게 표현할 수 있는 문장을 자주 접하고 따라하며 자신의 것으로 만들어야 한다. 학창 시절에는 누구나 한 번쯤 친구나 과외선생님에게 수학 문제 풀이법을 물어보고, 풀이 과정을 옆에서 지켜본 적이 있을 것이다. 스피킹을 위한 영작도 마찬가지이다. 잘 쓴 사람의 글을 모방하다 보면 나도 모르게 나만의 창의적이고 독창적인 표현을 터득하게 된다. 따라서 잘 쓴 사람의 글을 응용하고, 내가 좋아하는 문구나 표현을 머릿속에 입력하여 앞서 말한 마스터 플랫폼에 적어놓고 활용하는 연습을 하면 나도 모르게 영작 실력이 향상될 것이다.

보통 시중의 영어 회화 서적에서 언급되고 있는 쉐도잉은 한마디로 "무작정 따라 하기"이다. 하지만 이렇게 무작정 따라 하기만 하면 암기를 위한 영어 회화 학습법으로 귀결될 수밖에 없다. 암기의 끝은 망각이므로 결국 머릿속에서 하나둘씩 떠나고 말 것이다. 필자가 이 책에서 말하는 쉐도잉은 영작 쉐도잉이다. 즉, 원어민이 말하는 문장이나 방식 그리고 억양과 단어들을 머릿속에 지속적으로 입력하고 그 문장을 내가 주로 쓰는 구문에 대입하거나 변형하는 방식이다. 단순히 원어민이 말하는 모든 것을 따라 하거나 카피하는 것이 아니라 스피킹을 위한 마스터 플랫폼을 디자인할 때, 원어민의 문장이나 표현 그리고 억양들을 대입해서 나만의 문장을 말하는 데 참고하고 활용함으로써 벤치마킹하는 것이다. 이러한 쉐도잉의 장점은 단순히 무작정 따라 하고 외우는 쉐도잉과는 달리 오랫동안 머릿속에서 잊히지 않는다는 것이다. 지속적인 수정과 다듬는 과정을 거치면서 나만의 문장으로 재탄생하고 이를 재생산하는 과정이 반복되어 뇌에 새겨지기 때문이다. 이러한 방식을 통해 나만의 영작 플랫폼에 하나씩 새로운 표현이나 내가 좋아하는 구절을 첨가하다 보면 나도 모르게 스피킹을 위한 문장력, 발음, 억양, 단어 구사력까지 향상되는 놀라운 효과를 경험할 수 있을 것이다.

그럼 먼저 기사(Article)를 이용한 쉐도잉과 마스터 플랫폼 만들기의 직접적인 예시를 들어보겠다. 이러한 쉐도잉 과정을 통해 원어민이 자주 쓰는 단어와 표현을 무의식적으로 반복하여 익히게 되면 내가 머릿속으로 만든 스피킹을 위한 문장이 입으로 나오는 과정에서 자동적으로 걸러지고 정제되는 신기한 경험을 하게 될 것이다. 또한 내가 좋아하는 기사나 내용 그리고 호기심이 있는 주제에 대한 문장은 머릿속에 오랫동안 저장된다. 그리고 이러한 문장을 말하려는 동기 부여를 지속적으로 불러일으키며 문장력을 발달시키는 데 도움을 준다. 특히 현지 언론에서 한국에 대해 말하는 기사를 접하다보면 의외로 재밌는 표현과 다양한 주제를 접할 수 있다. 여기서 다양한 구문이나 단어 그리고 표현들을 카피하여 마스터 플랫폼을 만드는 데 이용하여 보자.

Tottenham are investigating an allegation of racism against winger Son Heung-min by a fan in the home end during Sunday's 1-0 loss to Manchester United at Wembley.

It is understood the club has spoken to the supporter who made the allegation on social media during **the Premier League match.**
Spurs will work with the fan and stadium safety officials to try to identify the person alleged to have abused the 26-year-old South Korea international.

"We are investigating an incident involving alleged racial abuse. Whilst the incident occurred in the home end, we are yet to determine if the alleged individual was a Tottenham Hotspur supporter or not", said a club spokesperson.

"Any kind of racist, discriminatory or anti-social behaviour will not be tolerated by the club. We have a strict, zero tolerance attitude in this regard and shall take action against anyone behaving or using language that is abusive, offensive or obscene."

Source: By Simon Stone
BBC Sport (https://www.bbc.com/sport/football/46869081)

위 기사를 읽고 몇 가지 구문을 뽑아 이를 내 것으로 만드는 과정을 예로 들어 보겠다. 일단 필자 눈에 띄는 구문은 'It is understood that + 주어 + 동사'와 'Any Kind of + 명사 + will not be + tolerated by + 명사'이다. 손흥민 선수에 대한 인종차별적 행위를 영국 현지 기자가 지적했다는 점이 인상에 남기 때문에 이에 관련된 표현들이 머릿속에 오래 남을 것 같아 위 두 가지 구문을 택하였다. 참고로 어떤 문장이든 본인 눈에 들어오거나 기억에 남는 내용이 있으면 이를 임의적으로 택하면 된다. 일단 그 내용이 임팩트가 강하고 머릿속에 오래 남는 문장일수록 기억에 오래 남는 경향이 있기 때문이다. 그럼 여기서 내가 좋아하는 구문을 준비하고 필자가 선정한 123가지 구문 중 하나를 골라서 익힌 후 대입해보자.

It is a generally accepted fact that + 주어 + 동사

〈내가 좋아하고 자주 쓰는 구문〉

Any Kind of racist, discriminatory or anti-social behaviour will not be tolerated by the club.

〈쉐도잉을 통해 내가 외부에서 가져온 구문〉

It is a generally accepted fact that any kind of racist, discriminatory or anti-social behavior will not be tolerated by the club.

〈스피킹을 위한 영작 마스터 플랫폼 1-1〉

* 해석: 어떠한 인종차별적, 반사회적, 차별적 행동이 클럽에서 용납되지 않는다는 것이 통념으로 받아들여지고 있다.

It is understood that + 주어 + 동사

〈내가 좋아하고 자주 쓰는 구문〉

Any Kind of racist, discriminatory or anti-social behaviour will not be tolerated by the club.

〈쉐도잉을 통해 내가 외부에서 가져온 구문〉

It is understood fact that any kind of racist, discriminatory or anti-social behavior will not be tolerated by the club.

〈스피킹을 위한 영작 마스터 플랫폼 1-2〉

* 해석: 어떠한 인종차별이나 반사회적, 차별적 행동도 클럽 차원에서 절대 좌시하지 않는다는 것이 이해되고 있다.

〈내가 좋아하고 자주 쓰는 구문〉

〈쉐도잉을 통해 내가 외부에서 가져온 구문〉

〈나만의 마스터 플랫폼 만들기 연습 #1〉

〈나만의 마스터 플랫폼 만들기 연습 #2〉

Shadowing exercise #2

WASHINGTON — America was on the brink of war.

As President Barack Obama prepared to leave office, he was contemplating yet another conflict in Asia, where the United States had already fought twice since the 1950s without winning. This time, the enemy had nuclear weapons. The potential for devastation was enormous.

Wait a minute — don't remember Mr. Obama's near-war with North Korea? Neither do the people who were working for Mr. Obama at the time.

But President Trump has been telling audiences lately that his predecessor was on the precipice of an all-out confrontation with the nuclear-armed maverick state. The way Mr. Trump tells the story, the jets were practically scrambling in the hangars.

"I believe he would have gone to war with North Korea", **Mr. Trump said in the White House Rose Garden** on Friday. "I think he was ready to go to war. In fact, he told me he was so close to starting a big war with North Korea."

Source: By Peter Baker, New York Times

It is largely due to the fact that + 주어 + 동사

〈내가 좋아하고 자주 쓰는 구문〉

Neither do the people who were working for Mr. Lee at the time.

〈쉐도잉을 통해 내가 외부에서 가져온 구문〉

It is largely due to the fact that neither do the people were working for him.

〈스피킹을 위한 영작 마스터 플랫폼 2-1〉

* 해석: 그 사람들 역시 Mr. Lee와 일하지 않는다는 것이 가장 큰 이유이다.

It goes without saying that + 주어 + 동사

〈내가 좋아하고 자주 쓰는 구문〉

he was on the precipice of an all-out confrontation

with the nuclear-armed maverick state

〈쉐도잉을 통해 내가 외부에서 가져온 구문〉

It goes without saying that he was on the precipice

of an all-out confrontation with the nuclear-armed maverick state.

〈스피킹을 위한 영작 마스터 플랫폼 2-2〉

* 해석: 그가 핵으로 무장한 유도탄에 전면하고 있는 벼랑 끝에 있다는 것은 말할 필요도 없이 당연한 사실이다.

〈내가 좋아하고 자주 쓰는 구문〉

〈쉐도잉을 통해 내가 외부에서 가져온 구문〉

〈나만의 마스터 플랫폼 만들기 연습 #3〉

〈나만의 마스터 플랫폼 만들기 연습 #4〉

위와 같이 내가 좋아하고 관심 있는 스포츠 분야의 기사를 통해 머릿속에 새겨져 있는 구문에 대입하면 오래 기억될 수 있는 하나의 플랫폼이 된다. 이런 마스터 플랫폼을 하루에 하나씩 만들어서 수첩에 적어놓고 다른 말들을 대입해서 쓰다보면 나만의 스피킹 루트를 위한 플랫폼이 1년에 365개 생기게 된다. 이를 조금씩 바꿔서 말할 때마다 응용한다면 어떠한 상황이 와도 당황하지 않을 수 있다. 스피킹을 마스터할 수 있는 나만의 무기를 가지게 되는 것이다. 스피킹을 위한 쉐도잉은 절대 암기만 해서는 외워지지 않는다. 가장 중요한 요소는 예시 1-1과 1-2처럼 내가 실생활에 자꾸 써보고 고쳐보고 바꿔보고 다듬어보는 것이다. 이렇게 만들어진 마스터 플랫폼은 너무나 큰 힘을 발휘하여 영어 스피킹을 드디어 정복하는 결과를 불러올 수 있을 것이다.

영어 스피킹을 잘하는 사람의 문장을 모방하는 것은 그 사람의 수많은 경험들을 간접적으로 내가 경험해보는 것이다. 즉 그 사람이 머릿속에 어떤 생각을 갖고 있는지 글을 통해 짐작하며 흡수할 수 있는 좋은 기회이다. 여기서 가장 중요한 것은 어려운 글이 아니라 소통력이 좋은 글을 다양한 방법으로 유연성 있게 쓸 수 있는 능력을 기르는 것이다. 소통하기 쉬운 글은 유연성이 있는 글이고 유연성이 있다는 것은 독창적이고 창의적인 글을 연장해나갈 수 있다는 뜻이다. 좋은 글은 독자로 하여금 다양한 생각과 간접경험을 하게 해주는 글로, 독자의 상상력을 자극하여 글 속에 담겨 있는 여러 가지 의미를 최대한 다양한 방법으로 전달시킨다. 이를 통해 상대방은 자신의 경험을 토대로 한 선택적인 인지를 하게 되고, 그 과정을 통해 본인이 원하는 방법으로 해석하며, 감동을 얻으려고 스스로 유도하게 된다. 그러므로 단정적인 문장보다는 청자에게 최대한 많은 생각을 던져주는 문장이 좋다. 이 때문에 최대한 많은 표현을 연습하고 그중에서 가장 독창적인 나만의 영작법을 터득하는 것이 좋다.

머릿속으로 하는 스피킹을 위한 영작을 많이 해보지 않은 사람들을 위해 필자는 가장 기본적인 영작에 필요한 소스들을 여기서 공개한다. 그 소스들이 어떤 방법으로 응용되어 어떻게 청자에게 감동을 줄 수 있는지 그 방법에 대한 다양한 예를 들어 이 책의 후미에 설명해놓았다. 이 구문들 중에서 본인에게 가장 잘 맞고 활용성이 뛰어날 것 같은 구문들을 집중적으로 학습하고 활용하도록 하자. 하지만 이 구문 하나하나를 전부다 내 것으로 만들 필요는 없다. 다만, 내가 좋아하는 구문이 있다면 다양한 방식으로 활용해보기를 바란다. 이 구문들 중 열 개 이상을 내 것으로 만들어보자. 영작은 이미 당신에게 어렵고 험난한 길이 아닌 내가 가꾼 자꾸 꺼내어 보고 싶은 비밀 노트가 되어 있을 것이다.

03 영어 스피킹의 꿀팁, Copy 및 Shadowing

: 쉐도잉과 대입의 기술(브로카/베르니케 학습법을 위한 준비운동)

What is your favorite alcohol? 가장 좋아하는 술이 무엇인가요?

My favorite alcohol is (_____). 가장 좋아하는 술은 (_____)이에요.
wine 와인 | beer 맥주 | soju 소주 | sake 사케

When do you normally go to the karaoke?
언제 주로 노래방에 가세요?

I normally go to the karaoke (_____). 주로 (_____) 술집에 가요.
on weekends 주말에 | on Friday 금요일에 | on a special day 특별한 날에

Where do you usually go drinking? 주로 어디에 술 마시러 가세요?

I usually go drinking at (_____). 주로 (_____)에 술 마시러 가요.
a pub 펍 | a nightclub 나이트클럽 | a lounge 라운지 | a hotel bar 호텔바

Who do you like to drink wine with? 누구랑 와인 마시는 것을 좋아해요?

I like to drink wine with (_____). (_____)와 마시는 것을 좋아해요.
my colleagues 직장 동료들 | close friends 친한 친구들 |
my spouse 배우자 | my boyfriend 남자 친구

Do you like to drink beer? 맥주 마시는 것을 좋아하세요?

Yes, I like to drink beer. Because (_____). 네, 좋아해요. 왜냐하면 (_____).
① I like having fun at a bar with my friends. 친구들과 바에 가서 즐기는 것을 좋아해요.
② When we get tipsy, we have a lot more fun. 살짝 취하면 훨씬 더 즐거워요.

No, I don't like to drink beer. Because (_____).
아니요, 좋아하지 않아요. 왜냐하면 (_____).
① My body can't take alcohol well. My face turns red when I drink beer.
몸에 술이 잘 받지 않아요. 맥주를 마시면 얼굴이 빨개져요.
② I am too full. I like to drink wine. 배가 너무 불러요. 와인을 마시는 게 좋아요.

Have you tried soju? 소주를 마셔봤나요?

Yes, I have tried it. Because (＿＿＿). 네, 마셔봤어요. 왜냐하면 (＿＿＿).
① I traveled to Korea last year and I had a chance to try it.
작년에 한국에 여행을 가서 마실 기회가 있었어요.
② My best friend loves drinking it so he recommended I try soju a while ago.
가장 친한 친구가 소주 마시기를 아주 좋아해서 얼마 전에 저에게 마셔보라고 권했어요.

No, I haven't tried it yet. Because (＿＿＿). 아니요, 아직 안 마셔봤어요.
왜냐하면 (＿＿＿).
① I rarely go to Korea restaurants. 한국 식당에 잘 안 가요.
② I don't like to try new alcoholic drinks. 새로운 술을 마시는 것을 안 좋아해요.

예문을 자세히 살펴보면 일단 질문한 쪽의 키워드인 명사들(Alcohol, Karaoke)이 대답하는 문장에서 반복되고 있음을 알 수 있다. 즉, 영어의 대부분 문답형 대화에서는 중요한 단어가 지속적으로 반복되고 이 단어들로 다양한 문장들이 만들어지며 파생되어 나가는 형태가 나타나고 있다. 한국어로 문답을 할 경우 대부분 앞에서 물어본 질문에 명사들은 생략되는 것이 보통인데 영어에서는 반복되어 사용되는 경우가 많다. 특히 스피킹을 위한 체류시간 확보를 위해서 앞에서 질문한 질문자의 문장을 그대로 다시 반복해서 말하는 방법은 초보 회화 학습자에게 무척 중요하다. 이 시간 동안 질문에 대한 답이나 추가 질문 혹은 부연 설명을 할 수 있는 시간을 확보해 대답을 좀 더 풍성하게 만들 수 있기 때문이다. 말이라는 것은 일단 입에서 떼고 나면 말이 말을 이끌어 내는 신기한 마력이 있다. 그래서 영어 실어증은 아예 이런 첫 단어를 입에서 떼지 못하는 데서 초래되는 경우가 의외로 많다.

'What is your best movie in your life time?'이라는 질문에 대하여 'In my lifetime + My best movie is Titanic.'이라고 대답을 할 때보다 'My best movie in my life time is + Titanic because~'라고 질문자의 문장을 반복해서 얘기하면 추가적인 부연 설명을 할 수 있는 시간이 생겨 더 많은 말을 여유 있게 이어 나갈 수 있다. 생각의 꼬리를 물고 연상되는 키워드들을 이용해서 더 많은 생각과 말을 뱉어 낼 수 있는 것이다. 특히, 스크립트를 디자인할 때 혹은 어떤 질문에 대한 영작문을 만들 때 가장 중요한 것은 예시 지문이나 질문이 있는 문장 혹은 키워드를 통해 연상되는 키워드들을 머릿속에 지속적으로 연결시키는 것이다. 획기적이거나 신선한 키워드가 나올 때마다 입으로 중얼거리거나 몇 번씩 반복해서 말하는 연습을 하면 스피킹을 할 때 나도 모르게 그 단어들이 떠올라 내가 익힌 구문이나 숙어와 연결되어 자연스럽게 말로 이어지는 현상을 경험할 수 있다. 예를 들어 위에 지문에서 나온 것과 같이 외국인들이 즐겨 마시는 술에 대한 질문이나 논제에 대한 스크립트 디자인을 한다고 가정하면 아래와 같은 단어들을 연상할 수 있을 것이다.

Wine – Steak – Restaurant – Pub – Drink – Tipsy – Club – Neon Sign – Hot place – Karaoke – Singing – Friends – Hang out – Dinner – Special Day

이러한 단어들을 지속적으로 연상하는 습관을 기르고 단어들을 입으로 중얼거리며 연결시켜보자. 이 단어들을 이용하여 외국인들이 가장 좋아하는 외식문화와 술문화에 대한 글을 쓰면 미리 머릿속에 그려보았던 키워드가 있어 문장을 만들기 훨신 수월하고 다양한 생각들이 글로 연결되는 것을 경험할 수 있다. 이렇게 키워드를 연결시켜 하나의 글로 만드는 과정을 반복하면 다양한 주제로 영어 스피킹에 필요한 스크립트를 만드는 데 큰 도움이 될 것이다.

구문 안에 키워드들을 대입하고 쉐도잉 혹은 Copy를 통해 외부에서 가져온 문장이나 구문 혹은 단어들을 조합하여 글을 만드는 과정은 브로카 학습법과 밀접한 연관이 있다. 또한 문장이 완성되면 다음 연상되는 키워드로 문장과 문장 사이에 연관성을 주어 단락으로 완성시키는 과정은 베르니케 학습법과 밀접한 관련이 있다. 즉, 베르니케 학습법은 이미 정해져 있는 키워드 혹은 앞문장에서 쓰인 키워드를 기억하고 조직화하며 연장하고 응용하는 과정이며, 이 부분이 활성화될 때에는 브로카 학습법으로 만들어진 문장이나 언어를 지속적으로 재생산하고 응용할 수 있게 된다.

원어민들은 이 베르니케 부분의 언어학적인 뇌의 기능이 발달해 언어를 많이 듣고 쓰고 사용하면서 다양한 방식으로 언어를 재생산하는 능력을 갖추고 있다. 영어 회화에서 특히 문장을 이어서 연상하고 획기적인 단어나 생각을 바로바로 응용해서 말하는 이들은 순간순간 이 베르니케 영역을 자극시켜 경험적인 요소를 이용해 언어를 조합하고 재생산하는 것이다.

뒤에서 자세히 다루겠지만 더 쉽게 요약해서 설명하면 브로카 영역은 주어진 키워드를 갖고 어떻게 더 자연스럽게 논리적인 문장을 만들 것인가, 즉 이 의미나 생각을 어떻게 잘 표현할 것인가에 집중하는 언어적 뇌의 운동과 관련이 깊다. 이것은 Reflection Map이라고 하는 하나의 마스터 플랫폼을 만드는 과정과 동일하다. 여기서 키워드는 핵심적인 의미를 전달하고 문장을 구성하며 문장을 완성시키도록 하는 가장 중요한 단위로 브로카 영역에서 문장을 완성시키는 역할을 한다. 다음 문장을 만들려고 할 때 많이 망각되고 휘발성이 높은 Template이 되는 구문이나 문장 틀과는 달리 키워드는 지속적으로 머릿속에 남아 다시 Reflection Map으로 이어진다. 이 과정에서 새로 생성되거나 연상된 키워드들과 같이 새로운 문장을 만들기 위해, 즉 다시 스피치를 하기 위한 새로운 스크립트

(Script Writing)를 만들려고 스스로 다시 되새김을 하게 되는데 이 되새김을 하는 과정을 사일런트 스피치(Silent Speech)라고 한다. 이렇게 기존 키워드를 이용해서 지속적으로 말을 이어 나가는 과정을 발달시키는 학습법, 즉 말을 이어 나가고 모방하여 재창조하는 과정을 발달시키는 것이 베르니케 학습법이다.

위에 언급한 카피와 쉐도잉 그리고 구문에 대입하는 과정은 브로카 학습법을 위한 것이다. 또한 문장을 알맞게 완성하고 어떤 문장을 키워드를 사용해 만들 것인가 하는 언어학적인 과제에 해결책을 주는 브로카 학습법에도 유용하게 쓰일 뿐 아니라 앞에서 말한 문장과의 연관성을 통해 새로운 문장을 연상하고 키워드 연상법을 통해 다시 새로운 문장을 디자인하는 베르니케 학습법에도 중요한 역할을 한다.

한번 문장을 만들어 입으로 뱉어내면 그 문장 속 키워드를 중심으로 그 문장의 의미가 기억에 남는다. 이때 뇌에서 말한 문장들을 기억에 남기고 필요 없는 사족을 걸러내며 다음 문장을 만들기 위한 작업을 시작하는 과정은 매우 중요하다. 이러한 작업은 베르니케 학습법으로 개선되고 발전시킬 수 있다. 연관 키워드를 계속해서 상상하고 생산해내는 능력은 좋은 스피치를 하는 데 있어서 그리고 통일성 있고 청자의 머릿속에 오래 남는 스피킹을 하는 데 있어서 무엇보다 중요한 요소이다.

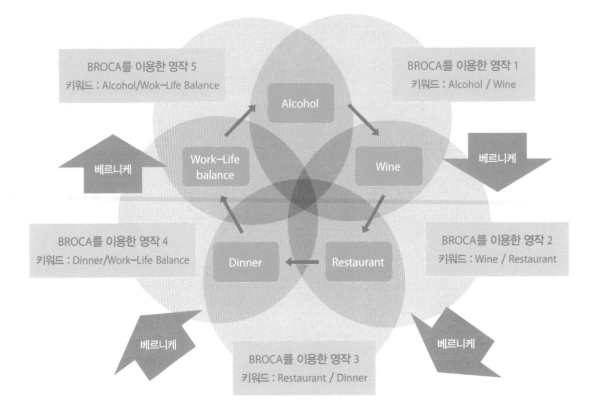

1. I have great difficulty in drinking alcohol except for wine.
나는 와인을 빼고는 술을 잘 마시지 못한다.

2. The more famous steak restaurant is the more wines are sold.
유명한 스테이크 레스토랑일수록 더 많은 와인이 팔린다.

3. Curiously enough, the restaurant is famous for the special dinner course.
신기하게도 이 레스토랑은 스페셜 디너 코스가 가장 유명하다.

4. I become aware of the fact that having dinner with family is the most crucial factor for the work-life balance.
나는 가족들과 저녁을 먹는 게 워라밸의 가장 중요한 요소라는 것을 알았다.

5. It goes without saying that drinking too much alcohol is not good for work-life balance.
과음이 워라밸에 전혀 도움이 되지 못한다는 것은 말할 필요도 없다.

It goes without saying that + 주어 + 동사

〈내가 좋아하고 자주 쓰는 구문〉

Drinking too much alcohol is not good for work-life balance.

〈쉐도잉을 통해 내가 외부에서 가져온 구문〉

It goes without saying
that drinking too much alcohol is not good for work-life balance.

〈나만의 스피킹 루트를 위한 마스터 플랫폼〉

위 다이어그램에 나와 있듯이 키워드를 통해 여러 가지 키워드를 연상하고 그 키워드들의 접합점을 이용해서 어떤 말을 할 것인지에 대한 마스터 플랫폼을 디자인하는 과정에는 여러 가지 기술적인 Skill이 이용될 수 있다. 예를 들어 다른 사람이 말하거나 질문한 문장에서 그대로 가져와 내가 말하는 문장에 이용해서 쓰는 Copy의 기법과 다른 사람이 쓴 문장이나 구문만 가져와서 내 것처럼 쓰되 단어나 중간에 접속사들만 바꿔서 문장을 만드는 쉐도잉 기법, 그리고 내가 좋아하고 자주 쓰는 구문에 그 정보들을 대입해서 하나의 완성된 새로운 문장을 만드는 대입의 기법, 마지막으로 5BOX 단어 연상법을 통한 영작기법 등이 있다. 이러한 기법들을 통해 머릿속으로 문장을 만들고 'How to Say' 혹은 'What to Say'를 결정하는 능력을 개발하고 연습하는 것이 브로카 학습법이다.

한편 완성된 하나의 문장에서 키워드를 부분적으로 혹은 모두 발췌하여 다른 키워드를 연상하고 새로운 키워드와 기존 키워드를 조합하여 연관성과 통일성이 갖춰진 문장을 이어가는 기술을 발달시키는 것이 베르니케 학습법의 핵심이다. 즉, 베르니케 학습법의 포인트는 기존 문장의 의미나 혹은 이전까지의 모든 문장이나 단락의 내용을 요약하고 그 핵심만 발췌하는 기술이며, 이것은 스크립트를 어떤 방향으로 끌고 나갈 것인가에 대한 큰 그림을 보고 스토리 라인의 방향을 설정하는 중요한 기술 중에 하나이다. 여기서 Silent Speech를 통해 기존 문장이나 전 문장 혹은 질문자의 문장을 기억하고 중요 부분을 뽑아내어 내가 하는 말에 접목시키고 적용시키는 능력은 꾸준한 노력과 다양한 연습(많이 듣고 많이 쓰고 많은 관심을 갖는 방법)이 필요하다. 이를 통해 원어민과 같은 가로적/세로적 신축성을 갖는 언어를 구사할 수 있게 될 것이다.

2

Chapter

왕초보를 위한
영어 실어증
치료 비법

04 영어 어순은 덧붙이기의 원리를 따른다

　영어 회화를 하는데 있어서 혹은 영어로 글을 쓰는데 있어서 그리고 마지막으로 영어로 생각하는데 있어서 가장 학습자를 골치 아프게 하는 가장 큰 원인은 영어의 어순 때문이라고 해도 과언이 아니다. 중국사람들과 같이 영어로 된 수업을 듣다 보면 스피킹은 우리나라 사람들보다 더 힘들어하고 발음 자체도 잘 되지 않는 걸 흔히 볼 수 있지만 Writing만큼은 우리나라 학생들에 비해서 월등하게 잘하는 것을 볼 수 있다. 중국어와 영어는 어순이 거의 비슷하기 때문에 같은 방향, 같은 논리(Logic)로 생각하고 쓸 수 있다. 때문에 중국인들은 영어를 조금만 배우면 문법이나 영작이 일취월장으로 향상된다. 반면 한국인들은 이 어순의 문제 때문에 태생적이고 내재적인 언어적 장애를 갖고 영어 학습을 할 수밖에 없다. 하지만 우리나라 어순으로 영어를 연습하더라도 나중에 일정한 룰에 맞춰서 이 어순을 변형시켜 말하는 방식만 익힌다면 어느 정도 이런 핸디캡을 극복할 수 있다는 것을 알게 되었다.

　영어 스피킹의 목적은 더 세련되고 조리 있게 말하는 것도 중요하지만 일단 말을 시작해서 익숙해지도록 훈련하고, 잘못된 부분을 이후에 고치는 것도 하나의 방법이다. 특히 스피킹은 상대방이 알아듣는 수준으로만 어순을 바꿔 얘기해도 소통이 되면 큰 문제가 없는 것이 포인트이다. 물론 어순 때문에 의미전달이 잘못되거나 의미가 왜곡되어 해석될 수 있기 때문에 결국에는 어순을 바로잡고 영어식 어순대로 생각하고 말하는 연습을 해야 한다. 하지만 처음 영어 회화를 시작하는 입장에서는 어순을 일단 무시하고 한국어의 어순대로 말해보고 이를 수정하는 방식으로 시작해보자.

영어 회화에 가장 중요한 것은 물론 얼마나 조리 있고 명료하게 얘기하느냐도 있지만 일단 말을 시작하는 것이 중요하다. 그 내용을 알아듣기 쉽게 설명해서 상대방에게 전달하는 것이 효율적인 영어 회화의 가장 중요한 요소인 것이다. 세련된 영어와 문법적으로 완벽한 영어를 구사하는 것은 그 이후에 문제로 넘겨도 좋다. 자, 하지만 이제부터 나올 내용은 우리가 무시할 어순에 대한 기본적인 원리이다. 이 원리를 일단 생각해보고 만약 이해가 간다면 영어의 어순을 자연스럽게 받아들여보자. 이해 안 가거나 마음에 안 들면 일단 무시해도 좋다.

1. 주어가 주로 앞에 온다.
2. 동사는 그 주어의 상태를 설명하고 주어 다음에 온다.
3. 동사를 보충하는 말이 동사 다음에 오고, 그 말을 보충하는 말이 그다음에 오고, 그 동사를 보충하는 말을 보충하는 말이 그다음에 오면서 문장이 무한히 길어진다.

1형식   주어 + 동사   The accident happened.
2형식   주어 + 동사 + 보어   The girl was pretty.
3형식   주어 + 동사 + 목적어   I loved her.
4형식   주어 + 동사 + 간접 목적어 + 직접 목적어   I gave her the letter.
5형식   주어 + 동사 + 목적어 + 목적 보어   I made her angry.

우리가 학창시절에 공부했던 내용을 떠올려 영어 어순과 형식을 요약한다면 위와 같을 것이다. 위에 나온 규칙을 자세히 보면 중요한 발견을 할 수 있다.

가장 중요한 첫번째 발견은 뒷 단어는 앞 단어를 설명한다는 점이다. 쉽게 얘기하면 앞에 나온 말을 이용해 하나씩 덧씌워서 혹은 보충 설명하듯이 계속 문장을 이어 나간다는 것이다. 이 원리를 이용해서 영작을 하다보면 다 맞아 떨어지는 문장이 많이 있다는 사실을 알 수 있다. "나는 와이프를 설득하느라 힘든 시간을 가졌다."에서 주어는 I로 쉽다. 내가 뭘 어쨌을까? 뭔가 가졌을 것이다. 그래서 had가 적당하다. 그렇다면 뭘 가졌을까? 보충해줄 말이 필요한 것이다. 힘든 시간은 'a hard time'이라고 하면 적당할 듯하다. 근데 힘든 시간 동안 무엇을 했을까? 설득했다. 그러니까 persuade가 나와야 할 것이다. 근데 누굴 설득했는지가 빠졌다. 'My wife'이다. 이를 다시 나열해보겠다. I had a hard time persuade my wife. 여기서 약간 어색한 부분이라면 동사 persuade가 나와서 한 문장에 동사가 중복될 수는 없다는 문제인데 바른 표현은 persuading이지만 그냥 이대로 말해도 알아듣는 데에는 아무런 문제가 없다. 그래서 다음과 같이 되어야 한다. I had a hard time persuading my wife. 이런 식으로 문장을 이해하는 것의 장점은 문법적인 디테일을 수정해야 한다는 부분을 감수하면 진짜 말을 할 때 거의 모든 의도하는 문장을 마음대로 만들 수 있다는 것이다. 또한 문장을 들을 때 자기가 예상하는 순서대로 말이 들어오기 때문에 이해가 잘 된다.

이러한 방식으로 모든 영어 문장들을 해석하기 시작하면 영어의 어순에 대한 이해도가 높아진다. 또한 어순에 대한 룰이 생겨버리면 의외로 영어 어순은 쉽게 정복될 수 있을 것이다.

November is shaping up to be as miserable a month for automakers as October as lenders tighten financing standards and many consumers steer clear of showrooms because of the weakening economy.

이 문장에서 주어는 November이다. 여기서 11월이 어쨌냐면 어떤 Shape가 만들어지고 있다고 했다. 무슨 모양이냐면 Miserable한 한 달로 모양이(되어가고) 되고 있는데 얼마나 Miserable하냐면 진짜 많이 Miserable했던 10월 달만큼이나 안타깝다고 한다. 여기까지가 한 문장이다.

다음 문장은 lender로 시작하는 것을 알 수 있다. 돈을 빌려주는 사람이니까 금융회사나 은행 정도로 해석하면 될 것 같다. 이 회사가 뭘 어떻게 했을까 하는 호기심이 생기는데 더 읽어보니 뭔가를 조이고 있다는 것을 알 수 있다. 뭘 조이냐는 질문을 던졌는데 뒤에 읽어보니 대출의 기준을 조인다고 설명하고 있다. (financing은 금융을 한다는 뜻으로 여기에서는 대출해 주다로 의역함)

그다음 문장은 many consumers이다. 많은 소비자들이 어떻다는 설명인지 궁금해서 다음 문장을 읽어보면 점점 멀어지고 있다고 한다. 뭘로부터 멀어지는지 알아보니 자동차 딜러쉽의 전시장이다. 그 이유는 약화되는 경제 때문이라고 다음에 따라오는 단어를 해석해볼 수 있을 것이다.

가장 중요한 두번째 발견은 that이 나오면 다시 문장이 시작된다는 것이다. that절 역시 앞에 나온 것을 보충해서 설명하지만 주어 동사, 즉 절이 다시 나올 수 있다는 점이 다르다.

He is the soccer player that plays in the English Premier League.

'He is the soccer player.' + 'He plays in the English Premier League.' 이 두 문장을 붙이려면 그냥 쉽게 and를 넣어서 'He is the teacher and He taught me history.'라고 써도 무방하겠지만 'Soccer Player'와 he가 같은 사람을 지칭하기 때문에 두 단어의 중복을 피하기 위해서 that을 사용하는 것이다. 그래서 문장을 다시 만들면 다음과 같을 것이다.

He is the soccer player that(who) plays in the EPL.

여기서 사람이면 that보다는 who를 쓰고 사람이 아니면 which를 쓰는 것을 미리 알고 있는 사람이 많을 것이다. 요약하면 두 가지 문장이 합쳐진 형태의 문장은 문장 안에 제대로 된 문장을 하나 더 품은 형태이며 두 문장은 모두 먼저 나온 단어(Soccer player 혹은 he)를 설명한다. 영어권 사람들에게는 어떤 것에 가장 중점을 두느냐가 어순을 결정한다. 주어를 강조하며 제일 앞에 나오는 이유는 이야기를 할 때 주체가 누구 혹은 어떤 것인지가 가장 중점을 두는 문제이기 때문이다. 그래서 영어 문장은 제일 앞에 나오는 단어에 대한 설명들이 줄줄이 나오는 형태가 되는 것이 기본이다. 즉, 영어권 사람들의 사상이나 가치관은 어순에서도 고스란히 나타나기 때문에 한국적인 사고방식을 갖고 접근을 하면 이해하기가 쉽지 않다.

"한국말은 끝까지 들어봐야 한다"라는 말이 있듯이 한국말은 그 중요한 사실들이 뒤에 나오는 경우가 종종 있으며 이것은 한국인들의 가치관과 무관하지 않다. 한국인들은 중요한 사실을 말하기 전에 앞에 꾸미거나 설명하는 단어나 의미들을 나열하는데 이것은 내성적이고 겸손한 자세를 중요시하는 문화, 즉 유교 사상과도 관련이 있다고 생각한다. 한국인들은 자신이 말하고 싶거나 표현하고 싶은 말들을 바로바로 직설적으로 표현하기보다는 때로는 함축적으로 때로는 중의적인 표현으로 말하는 경우가 많다. 이것은 본인이 갖고 있는 생각을 피력할 때 조금은 겸손하고 소극적인 자세를 보이는 것이 때로는 예의라고 생각하는 사고 방식 때문이다. 한국인 의식 속 깊은 곳에 이와 같은 성향이 내재되어 있고 이것이 어순에서도 고스란히 반영되어 있다고 생각한다.

다음 예시 문장 하나를 더 짚고 넘어가 보자.

The thing is that I don't have a girlfriend.

언뜻 보면 'The thing'이라는 주어를 설명하는 that은 앞 예문에 나온 that과 비슷한 용법으로 보이지만 문법적으로 분석하면 처음 문장의 that은 형용사절의 주어 역할을 한 관계대명사이고 둘째 문장의 that은 보어역할을 한 명사절을 유도하는 종속접속사이다. 언어학적으로 혹은 문법학적으로 전혀 다른 that인 것이다. 하지만 이렇게 미시적인 관점에서 놓고 볼 때는 전혀 달라 보이는 것이 큰 테두리 안에서 회화적인 관점을 고려해서 보면 큰 차이는 없다는 것을 알 수 있다. 이와 같이 회화적인 문제에서 다가가면 어순이나 that의 용법은 사실 비슷한 역할을 하게 된다. that은 어찌 생각해보면 연음을 위해 문장을 연장하고 이어

나가기 위한 만능 이음새이다. 때문에 이런 that의 용법은 회화에서 잘만 활용하면 엄청나게 유용해서 자주 사용해보는 연습을 하는 것이 좋다. 일단 말을 더 길게 하고 싶으면 Who인지 Which인지 생각하지 말고 전부 that을 써버리자. 그리고 다시 주어로 시작하는 문장을 쓰면 만사형통인 경우가 많다.

앞에 예문과 뒤에 예문의 that의 공통점은 문장 안에 문장이 들어 있는 것을 알려준다는 것이고 풀어 말하면 이 that은 언제나 이 that으로 시작되는 문장을 품고 있는 바깥의 문장이 설명하고자 하는 내용을 상세히 설명해주는 작은 문장을 이끌게 되는 것이다. 우리가 흔히 사용해서 특별해 보이지 않는 이 that에는 대단한 마법이 있어서 이런 류의 문장은 반드시 this도 아니고, it도 아닌 that에 의해 이끌어져야 하는 경우가 매우 많기 때문에 그야말로 만능 이음새가 될 수 있는 것이다.

잘 되짚어 생각해보면 한국어의 경우에도 비슷하다. 무슨 말을 했는데 설명이 부족했다고 느끼면 '그게 뭐냐면……' 이런 식으로 문장을 덧붙이는 경우가 많다. 영어로도 마찬가지인데 한국어에 비해서 '그게 뭐냐면'이라는 표현을 생각보다 굉장히 많이 쓸 뿐이다. 그 이유는 문장의 전체를 생각하지 않고 일단 주어와 동사로 말을 내뱉고 나서 뒷문장을 말하는 영어권 사람들의 습관이나 사고방식에서 기인하는 것으로 사료된다. 그래서 말을 하고보면 항상 뭔가 더 얘기하고 싶고 첨가하고 싶어 that을 써서 보충을 해주는 경우가 많다. 그래서 영어를 읽거나 듣다가 that이 나오면 항상 한국말로 '그게 뭐냐면' 하는 뉘앙스로 앞부분을 더 설명하려는구나 하고 간주하면 된다.

영어 회화에서 생겨나는 흔한 문제점 예: 어순의 배신

한국어와 영어는 어순이 반대이기 때문에 그냥 어순을 무시하고 말하기를 시작하는 것이 중요하다. 예를 들면,

I was thinking of you last night. 난 어제 당신 생각을 했다.

I, Last night, you, I was thinking of you

이런 식으로 문장을 반복해서 쓰고 더듬어서 얘기하더라도 한국말을 단어만 영어로 바꿔 우리말 어순처럼 말하는 연습을 해라. 그러면 자동적으로 어색한 어순을 고치기 위해 뇌로 새기고 생각하고 수정하는 과정을 거치게 된다. 이 과정은 우리 뇌에 언어학적으로 중요한 '새김'을 남긴다. 그 새김은 시행착오를 통한 자가 언어 치료라고 할 수 있다.

스스로 잘못된 어순을 고쳐 나가다 보면 일종의 룰이 생기고 이런 룰이 반복되면 스스로 입에서 나가기 전에 자가 수정 과정을 거쳐 말하게 된다. 이런 모든 과정이 뇌에는 강한 기억으로 남게 되어 스피킹 능력 향상에 긍정적인 영향을 끼치게 된다. I was thinking of you last night. '난 어제 당신 생각을 했다.'라는 문장을 다듬는 과정을 예로 들어보면 아래와 같다. (개인에 따라 과정이 다를 수는 있다)

I, Last night, you, I was thinking of you

I, Last night, was thinking of you

Last night I was thinking of you

I was thinking of you last night

이런 방식으로 간단한 문장도 스스로 수정해서 말하다 보면 이와 유사한 문장이나 구문을 생각할 때 하나의 스피킹 루트가 생겨서 비슷한 방식으로 다듬어 나갈 수 있다. 이런 수정의 과정이 점차 줄어들어 뇌에서 바로바로 자동으로 어순을 수정해

주는 경지에까지 오르게 되면 점차 스피킹이 이전보다는 술술 나오게 될 기미가 보일 것이다.

영어로 말하기에 있어서 가장 첫 번째로 머릿속에 생각해야 할 부분은 그냥 나오는 대로 말하는데 있다. 머릿속에 떠오르는 단어들을 그냥 하나씩 뱉고 여기에 구문을 입히는 과정을 거치면 의미가 들어맞는 경우가 많다. 예를 들어

'It goes without saying that + 주어 + 동사 + 목적어'라는 구문이 있다. 이 구문은 사실 '~라는 사실은 말할 필요도 없이 당연한 것이다.'라는 의미이지만 어떤 문장 앞에 써도 어색하거나 의미에 반하지 않는 쉐도잉(Shadowing) 구문이다. 이런 구문의 활용은 정확히 내가 무슨 말을 하려고 하는지 구문을 통해 더 명확하게 표현하는 역할도 되지만 내가 말하면서 생각하는 '체공 시간'을 늘리는 효과도 톡톡히 볼 수 있는 비법이다. 즉, 영어로 말할 때 가장 처음에 고민되는 것은 주어를 무엇으로 해야 할지, 어떤 단어를 어디에 써야 할지, 뭐부터 말해야 할지에 대한 것이다. 여기서 문장이 엉키고 생각이 뒤죽박죽이 되서 영어가 입에서 맴돌기만 하는 현상이 나타난다. 이런 구문들을 머릿속에 외우고 틀로 활용하면 내가 어떤 말을 하기 전에 그 단어들을 배치하고 구성하고 선택하는 시간을 순간적으로 벌게 된다. 한국인들이 힘들어하는 첫마디를 뱉는 연습을 하는데 결정적인 역할을 하는 것이다.

책 후미에 이러한 유용한 구문을 다양하게 제시하고 각 구문을 어떻게 쓸 수 있는지 필자가 자세히 설명했다. 이러한 실질적인 구문 학습을 통해서 영어를 말하는데 필요한 준비작업을 할 수 있다.

영어는 단순히 말하는 것이 아니라 생각을 표현하는 과정을 나만의 방식으로 다듬어 길을 트고 발전시키는 과정이다. 때문에 실전에서 쓰기 위한 다양한 무기(표현)를 미리 정비하고 내 것으로 만들어놓는 것이 무엇보다 중요하다. 뒤에 설명하는 'It의 활용법'이나 'Copy를 통해 말하기 기법' 역시 말하기에 필요한 다양한 무기들을 내 것으로 만드는 과정이며 이를 통해 다양한 나만의 무기를 발견하여 응용하고 머릿속에 장착하는 것은 너무나도 훌륭한 스피킹 학습법이 될 수 있다.

05 어순을 이해하면 영어 스피킹의 스토리라인이 보인다

앞에서 얘기한 어순을 정리해보면 첫 번째 원칙은 주어, 동사로 시작한 문장 뒤로 앞 단어를 보충해주는 단어가 연속되면서 문장이 계속 길어진다는 것이고 둘째 원칙은 이렇게 만들어진 문장이 접속사나 관계사를 이용해서 둘 이상이 붙어서 부가 설명하기도 하고 더 많은 의미가 담겨 있는 긴 문장을 만든다는 것이다.

첫째 원칙을 단순화해서 회화에서 일반화한다면 결론적으로 '주어 + 동사 + 기타'라는 식으로 생각하는 것이 간편하다.

I met the clients that was working in the office.

I met the clients and I was working in the office.

첫 번째 예문은 나는 고객을 만났고 그들은 사무실에서 일을 했다는 문장을 영어로 말하려고 한다. 다시 의역하면 나는 사무실에서 일을 하고 있는 고객을 만났다는 표현이다. 두 번째는 나는 고객을 만났고 사무실에서 일도 했다는 문장이다.

여기서 주어가 무엇일까? 한글 문장에서는 비록 생략이 되었지만 결국 자기 자신 I이다. 동사는 무엇일까? 동사는 한 문장에 두 개가 올 수 없으므로 나는 만나고 고객은 일했다는 것처럼 보일 수 있다. 그러나 접속사 뒤에 오는 문장은 내가 만난 고객을 설명하는 것이다. 결국 모든 단어들이 주어인 나(I)에게 집중되고 나를 설명하기 위한 단어들인 것이다. 때문에 그 어떤 문장이라도 주어와 전혀 관계가 없을 수는 없고 결국 모든 단어들과 모든 의미들은 주어로 향하고 있다는 것을 알 수 있다. 이 책의 후미에서 설명하려고 하는 베르니케 학습법의 핵심은 바로 이 어순과 상관이 있다.

즉, 영어의 어순은 하나씩 차곡차곡 쌓아 나가는 젠가와 비슷하다. 가장 밑에 있는 피스는 위에 쌓아 올려지는 피스의 주춧돌 역할을 한다. 위에 쌓이는 모든 피스는 가장 밑에 있는 단어, 즉 주어를 설명하기 위해 조금씩 내용을 첨가해 갈 뿐이다. 주어가 없는, 즉 주춧돌이 없는 영어의 탑은 의미가 없으며 그 주춧돌을 설명하기 위해 혹은 풍성하게 Decoration 하기 위해 많은 후속 단어들이 여러 가지 역할로 다양한 일을 하고 있는 것이다. 예를 들어 That은 그 문장 안에서 조금은 다른 문장이나 다른 얘기를 하고 싶을 때 "근데 말이야…… 또 이런 얘기가 있는데 얘기 좀 들어봐"라는 역할을 하고 있지만 결국에는 제일 앞의 주어를 설명하고 그 주어에 귀결되게 되는 구조인 것이다. 베르니케 학습법에서 강조하는 과거 문장에서 데려오는 키워드나 이 키워드를 염두하고 연상하는 키워드로 다시 문장을 만드는 것, 구문이나 전 문장의 의미에 덧붙여서 쌓아 올리는 마치 탑을 쌓아 올리는 것 같은 전개 방식, 가장 핵심적이고 먼저 언급한 문장 그 문장에 주어를 결국 전부 설명한다는 점은 이러한 영어의 문장 내에서의 어순을 확장한 형태라고 할 수 있다. 쉽게 풀어 설명하면 베르니케 학습법은 과거 문장의 잔재를 갖고 와서 that으로 이어가는 문장 구성처럼, 다음 문장에서 그 전 문장의 흔적들이 계속 남아 있고 그 최초 문장의 의미 위에 하나씩 점토를 붙여 나가듯 계속해서 기존 의미에 새로운 의미를 붙여 나가는 방식을 기본적으로 이해하고 이를 연습하는 학습법이라고 할 수 있다.

연음이라는 것은 결국에는 지나간 문장에 계속적으로 that을 붙여 이어 나가는 것으로, 앞뒤 문장이 절대 별개일 수 없는 영어의 기본적인 특성상 자연스럽게 만들어지는 영어의 특징이다. 이 연음이라는 것은 한국어와는 달리 영어에서 특히 특징적으로 발견되는 요소라는 것도 이런 맥락으로 자연스럽게 설명이 된다.

베르니케 학습법은 한마디로 Originality를 중요시하는 영어의 언어적 특징을 반영한 것이다. 최초 기본 틀에 문장을 덧붙여 하나의 '소조 예술품을 만들어 가는 과정을 익히는 학습법'이라고 할 수 있을 것이다. 여기서 우리는 영어라는 언어를 처음 만들어 썼던 영국사람들의 특징이나 성향을 짚고 넘어가야 할 필요가 있다. 영국은 역사를 중요시하는 나라이며 과거가 없이는 현재도 미래도 없다는 것을 당연시하기 때문에 과거로부터 내려오는 문화나 유적 혹은 언어를 신앙처럼 숭배하고 존중하고 지키려고 애를 쓴다. 이는 언어에서도 고스란히 나타나는 현상으로 모든 문장에서 처음 가장 중요한 뿌리인 주어를 말하고 이를 품고(Embed) 그 위에 부가 설명들을 붙여 나간다. 이 과정이 마치 과거의 역사와 풍습을 품고 이를 발전시켜 나가려고 하는 영국인들의 성향과 비슷하다고 할 수 있다.

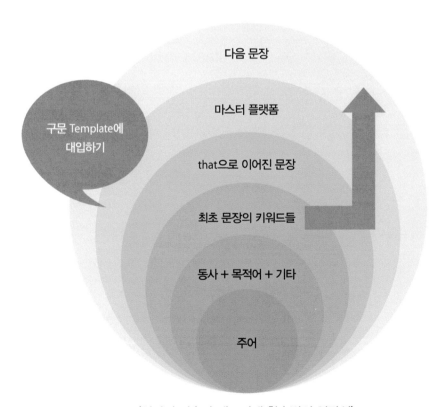

〈영어의 어순과 베르니케 학습법의 연관성〉

마스터 플랫폼

키워드 클러스터
(Keyword Cluster)

스토리 플랫폼

마스터 플랫폼 클러스터
(Master Platform Cluster)

위 다이어그램에 나와 있듯이 문장 안 모든 단어는 주어를 꾸미거나 설명하거나 각각의 역할을 하면서 순환하는 구조를 하고 있다. 모든 단어들이 결국에는 주어라는 목적지를 향해 귀결되고 회귀(Regression)하는 형태를 갖는다. 이 문장 안에서 Core Cluster(주된 역할을 하는 핵심 단어들의 집합체)는 구문이라는 Template 안에 대입이 되어 그 구성원으로서 역할을 하고 그 코어 키워드들은 다음 문장을 이루는 구성원으로 변환되며 다시 다음 문장이 만들어진다. 이 문장들이 마스터 플랫폼을 이루는 것이다. 복잡한 구조라고 생각될지 모르겠지만 생각보다 쉽다. 주어라는 핵심 뿌리 위에 뼈대를 만들고 그 위에 점토를 붙여서 하나의 조형물을 만드는 한편 그 뼈대 역할들을 하는 키워드들은 그 조형물들과 연결되어 나뭇가지가 뻗어 나가듯 계속해서 연결되고 확장되는 구조다. 이 과정에서 가지와 가지를 매끄럽게 연결시키고 그 가지에 활력을 불어넣는 것을 학습하는 것이 베르니케 학습법이며, 이 학습법을 통해 마스터 플랫폼들을 이어 가고 그 마스터 플랫폼이 모인 집합체를 전체적으로 통일성 있게 어느 한쪽에 편중되지 않게 잘 자라도록 만드는 것이 바로 스토리 플랫폼 구축이다. 이러한 스토리라인, 즉 하나의 큰 이야기를 잘 연결된 하나의 유기체로 만드는 것을 연습하는 것이 베르니케 학습법이다.

반면에 브로카 학습법은 문장 안에서 튼튼하게 자라 파생된 가지를 가져가서 주춧돌 역할을 하도록 문장을 다듬고 수정하고 정리하는 과정을 학습하는 것이라고 할 수 있다. 이러한 영어의 어순을 통해 스피킹을 하기 위한 큰 그림을 이해하고 각 문장이나 문단 그리고 하나의 큰 스토리를 구축하는 과정을 체계적으로 공부한다면 머릿속에 어떤 문장을 떠올리고 말하며 이어 나갈 수 있는지에 대한 체계적인 시스템이 잡힐 수 있을 것이다.

영어의 어순 시스템을 이해했다면 이제부터는 문장 안에서의 핵심인 주어를 확장시키는 연습을 해 보자. 이를 통해 다음 문장을 만들 때 제일 중요한 하나의 핵심 문장을 주어로 만들고 그 핵심 문장을 설명하는 문장들을 덧붙임으로써 의외로 유기적인 스토리를 만들기가 쉬워질 것이다. 그렇게 말하는 연습을 하다보면 그 여러 가지 문장들이 하나의 큰 단락이 되는 것을 느낄 수 있고 이러한 단락에 하나씩 문장들을 덧붙여 나가다보면 나만의 스토리 플랫폼이 완성되는 것이다. 이러한 스토리 플랫폼을 하나 만들어서 스크립트로 적어 놓고 꾸준히 연습하다 보면 나도 모르게 그 분야에 어떤 주제나 얘기가 나와도 당황하지 않고 다양한 문장들을 유창하게 말할 수 있게 될 것이다. 브로카 학습법과 베르니케 학습법을 통해 연습한 문장을 내 것으로 만들었다면 다양한 주제로 여러 가지 마스터 플랫폼을 만드는 연습을 해보자. 이 책에 후반부에 있는 다양한 구문들이 도움이 될 것이다.

06 영어식 사고의 단위를 이해하라

영어식 어순의 원리와 영어의 '확장적 본능'의 특징을 이해하는데 아직 부족함이 있다면 영어식 사고의 단위에 대한 이해가 부족하기 때문일 가능성이 있다. 영어 회화뿐 아니라 독해와 Writing을 학습하는 데 있어서 영어식 사고의 단위, 즉 Phrase(구(句): the green car, on Friday morning처럼 동사 외의 낱말들 두 개 이상으로 이뤄진 문장 성분)에 주목할 필요가 있다. 영어식 사고를 하는 것은 영어의 유기적인 Phrase의 묶음을 이해하고 연관성 높은 Phrase끼리 그루핑(Grouping)하여 확장해 나가는 과정이다. 여기서 최소한의 영어식 사고의 단위를 '플랫폼 정보 패키지(Platform Information Package)', 약어로 '플랫폼 패키지'라 칭하고 이러한 패키지를 쪼개서 확장해 나가는 영작을 이용한 마스터 플랫폼 제작하여 내 것으로 만드는 것이 영어 회화 학습법에 가장 효율적인 방법 중에 하나라고 확신하는 바이다.

> Global warming is the term / used to describe a gradual increase in the average temperature of the Earth's atmosphere and its oceans, a change / that is believed to be permanently changing the Earth's climate.

위 예문을 자세히 관찰해 보면 3개의 큰 정보의 패키지로 쪼개도 각각의 플랫폼 패키지가 자체적으로 자생력을 갖는 문장을 구성하고 있다는 것을 알 수 있다. Used to로 시작하는 Phrase 역시 앞에 it이라는 주어가 생략되어 있다고 가정하면 하나의 독립적인 확장성 있는 문장이 될 수 있고 이 큰 하나의 문장은 3개의 패키지로 구성되어 있다고 말할 수 있다. 이러한 영어의 가장 기본적인 의미 그룹에 대해서 시중에 있는 교재들은 각각 기준에 따라, 즉 문법/접속사 등에 따라 나누는 방식이 다를 수 있다. 하지만 이 책에서는 확장성에 좀 더 그 무게를 두어 Phrase가 그 자체로 마스터 플랫폼으로 확장할 수 있는지를 기준으로 삼기로 한다. 즉, 영어의 어순에 대한 이해는 쪼개진 패키지를 각각 배열하고 확장하는 방식으로 이해를 하면 수월하다. 앞에서 제시한 영어의 확장성에 기초한 영어 회화 학습법은 이러한 플랫폼 패키지를 이해하고 나아가 어순 개념을 확립해 조금 더 효율적으로 이루어질 수 있을 것이다. 또한 이 학습법의 가장 핵심 중 하나인 키워드 연상법과 구문 대입법 그리고 마스터 플랫폼 제작에 있어서 이 정보의 패키지는 가장 기본이 되는 개념이다. 따라서 이 패키지의 이해가 머릿속에 항상 박혀 있어야 영어로 생각하고 이해하고 말할 수 있다.

(A) The increased volumes of carbon dioxide and other greenhouse gases / (B) released by the burning of fossil fuels, land clearing, agriculture, and other human activities, / (C) are believed to be the primary sources of the global warming that has occurred over the past 50 years.

(A) The increased volumes of carbon dioxide and other / (B) greenhouse gases released by the burning of fossil fuels, land clearing, agriculture, and other human activities, are believed to be the / (C) primary sources of the global warming that has occurred over the past 50 years.

위에 예문을 기초로 해서 플랫폼 패키지를 기준으로 3가지 문장으로 나누어 보았다. 일단 이 책에서는 정보 패키지 하나의 기준을 '추가로 플랫폼을 만들 수 있는지?'에 두었다. 때문에 위 문장들을 토대로 하여 추가로 글을 확장할 수 있는 여지가 있다는 것을 증명함으로써 위 패키지 그룹이 각각 유기적 관계를 갖고 있다는 것을 반증할 수 있다.

영어는 주어를 뿌리로 하여 동사와 목적어 등으로 하나의 줄기를 만들고 여기에 부수적인 기타 요소들을 첨가하여 가지를 만드는 과정을 거친다고 앞에서 언급한 바가 있다. 즉, 차곡차곡 쌓아 나가는 문장들은 그 뿌리가 한곳을 향하고 있기 때문에 전체적인 하나의 단락이나 글은 요약하는 것이 어렵지 않다. 그 요약된 정보나 키워드로 또다시 다른 나무에 싹을 틔우고 계속해서 재생산하여 큰 숲을 만들어가는 과정을 경험해야 한다. 만약 정보를 나누거나 스피킹할 때 적절하게 끊어서 이야기하지 못한다면 청자의 이해력은 현저히 떨어질 것이며 화자 역시 추가적인 문장이나 이야기들을 전개하는데 어려움을 겪을 것이다. 영어에서의 플랫폼 패키지를 이해하지 못한다는 것은 추가적인 문장을 전개하지 못한다는 의미이고 이는 곧 잘못된 소통을 할 가능성이 매우 농후하다는 의미가 된다.

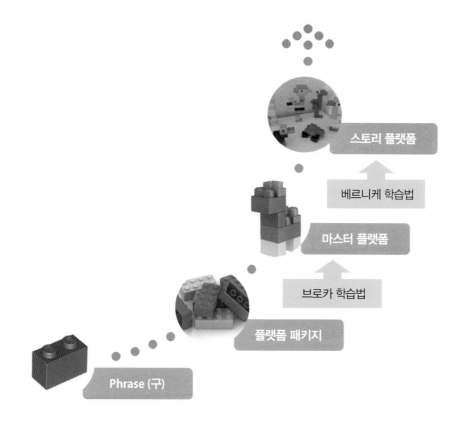

이 책의 뒤쪽에서 자세히 설명될 브로카/베르니케 학습법 역시 이와 같은 영어의 가장 기본적인 의미 그룹, 즉 플랫폼 패키지를 마스터 플랫폼(내가 직접 만들고 변형시켜 만든 나만의 영작 플랫폼)으로 만드는 과정을 연습하는 것이다. 나아가 이러한 마스터 플랫폼을 확장하고 변형하고 이어감으로써 그 플랫폼 사이에 있는 유기적 관계를 설명하고 확장해 나갈 수 있다.

우선 가장 기본이 되는 코어 플랫폼(Core Platform: Core Keyword를 기본으로 구문에 대입하여 만드는 글에 가장 핵심이 되는 문장)을 어떻게 만들지 심혈을 기울이는 것이 중요하다. 그 확장력을 고려해볼 때 전체적인 글의 방향성과 흐름 그리고 그 글의 의미 전달력을 결정하는 가장 중요한 요소이기 때문이다. 아래 예문에서 보면 Global Warming이라는 코어 키워드를 기본으로 밑줄 그은 코어 플랫폼이 만들어졌다. 이 코어 플랫폼에서 키워드를 발췌하여 후속 문장을 만들고 계속해서 확장해 문단이 만들어졌다.

Global warming is the term / used to describe a gradual increase in the average temperature of the Earth's atmosphere and its oceans, a change / that is believed to be permanently changing the Earth's climate. / The increased volumes of carbon dioxide and other greenhouse gases / released by the burning of fossil fuels, land clearing, agriculture, and other human activities, / are believed to be the primary sources of the global warming that has occurred over the past 50 years.

즉, increase라는 동사와 Global warming이라는 명사를 키워드로 하여 뒤에 후속 플랫폼을 만들고 이 플랫폼은 다시 그 후속 문장을 만드는 데 기본이 되었다. 문장을 만들고 단락을 만드는 과정 역시 영어의 어순에서 각각 단어들이 맡은 역할을 이러한 플랫폼들이 대신하고 있을 뿐 그 기본적인 원리는 같다. 영어에서는 이와 같이 덧붙이고 확장하는 원리로 문장을 이어 나가기 때문에 연음의 구조를 갖는 것이 자연스럽다. 때문에 키워드 연상을 통한 나만의 플랫폼, 즉 마스터 플랫폼을 제작하는 원리를 머릿속에 확실히 체계화시키면 스피킹을 할 때 키워드를 통해 문장을 생성하여 그 문장을 마스터 플랫폼화시키고 그 마스터 플랫폼을 또 연장시키는 방식으로 시스템을 적용시킴으로써 계속해서 말을 이어 나아갈 수 있는 기반을 닦을 수 있다.

반면 이러한 영어의 특징을 이해하지 못한 채 스피킹을 학습하다보면 어디서 어떻게 끊어서 얘기해야 하고 어떤 식으로 확장해야 하는지는 물론 문장과 문장 사이에 어떤 연관성을 도모하며 통일성을 확보할 수 있는지 전혀 알지 못하게 된다. 결국 휘발성이 높아 머리에서 금방 사라지는 비효율적인 영어 스피킹 학습을 하게 되는 것이다. 플랫폼의 이해는 결국 영어 스피킹에서 가장 중요한 알파벳을 이해하는 과정이다. 그러므로 아무리 스피킹을 연습해도 늘지 않고 머릿속에 남지 않는 이유는 바로 이 원리를 이해하지 못한 채 영어 회화를 공부했기 때문이다.

07 끊어 말하기의 치명적인 오류를 차단하라

영어의 어순 특성을 기본으로 한 확장성과 문장을 계속해서 이어 나가는 연음의 특징 때문에 영어로 계속해서 얘기하다보면 자칫 청자가 지루해하거나 그 포인트를 잃어버리는 경우가 허다하다. 실제로 영어 스피치에 능통한 미국 역대 대통령 중에 오바마 대통령과 레이건 대통령의 예를 들면 모든 문장에 기본적인 최소 의미를 갖는 패키지를 기술적으로 끊어서 말하는 버릇이 있는 것을 알 수 있다. 패키지를 끊어서 말하면 청자들은 그 의미에 대해 다시 한번 생각하거나 화자가 이 부분을 강조하고 있다는 인상을 받을 수 있다. 때문에 계속해서 집중하게 되어 생각지도 못한 굉장한 설득력을 갖는 스피치를 할 수 있는 것이다. 물론 이것은 하루이틀의 연습으로 완성되는 것이 아니다. 화자가 세로적/가로적 신축성과 연음 그리고 모든 문장에서의 호흡과 의미 전달의 강약을 조절할 줄 알아야 가능하다. 때문에 이 정도 경지에 오르려면 일단 원어민 정도의 어휘력과 순발력을 갖추어야 한다는 전제가 있다.

그렇다면 한국인들이 영어를 할 때에는 어떠한 오류들이 나타날까? 가장 심각한 문제 중 하나는 한국식으로 생각하고 한국식 어순을 기반으로 하기 때문에 잘못된 끊어 말하기를 하는 경우가 허다하다는 점이다. 이렇게 되면 앞에서 언급한 의미의 최소단위, 즉 패키지 자체가 산산조각 나게 되어 원어민이 듣기에 매우 불편한 문장이 되어버리는 경우가 많다.

Some people think that secondary / school children should study international / news as one / of the school subjects. Other people think that it / is a waste of valuable school time.

위와 같은 문장을 말하는 한국인이 있다고 치자. Secondary와 School은 하나의 연결된 단어인데 이것을 끊어서 말하게 되면 듣는 사람은 일단 매우 불편함을 느낄 수밖에 없다. 또 뒤에 That과 It을 붙여 말하면 문법적으로 연속으로 대명사가 2번 나오는 것처럼 들리기 때문에 머릿속이 하얗게 될 수밖에 없다. 원어민에게는 당연히 붙어다니는 그룹, 즉 의미의 가장 기본이 되는 단위(물리학으로 치면 원자처럼 쪼개어질 수 없는 단위)가 존재하며 이러한 최소의 정보를 담고 있는 Phrase나 그 키워드들이 모여 있는 정보의 플랫폼 패키지를 잘게 쪼개어 말하면 의미전달에 있어서 치명적인 문제점들을 드러낼 수 있다. 때문에 이러한 정보의 최소단위, 즉 Phrase에서 플랫폼을 만들고 그 플랫폼을 브리핑하는 과정을 반복하다 보면 영어식으로 사고하는 단위를 이해하게 될 것이고 말을 할 때도 위 문장과 같은 오류는 범하지 않을 가능성이 높아진다

그렇다면 우리가 이제부터 학습해야 할 스피킹 학습법에서 그 중심이 되는 플랫폼은 어떤 특징을 갖고 있을까? 일단 가장 중요한 코어 키워드 중 하나인 주어를 어떻게 인식하느냐가 중요하다. 주어라는 것은 그 문장에서 어떤 액션을 취하는 주체이다. 즉, 3인칭관찰자시점으로 어떠한 상황을 바라볼 때 그 상황이 돌아가고 있는 화면속에서 뭔가 Action을 취하고 있는 주체이다. 그러한 Action을 취하는 주인공을 내가 제3자에 입장에서 조종하고 컨트롤하고 캐어한다는 생각을 갖고 문장을 만들면 된다. 즉, 그 플랫폼을 하나의 연극이라고 가정한다면 내가 감독이 되어 연출을 하고 다양한 방법으로 그 주인공을 움직이고 감정을 불어넣도록 '지시 사항', 즉 대본이나 스크립트를 써주는 역할을 한다고 생각하면 조금 더 이해하기 쉽다. 그 주인공이 어떤 특징이 있고 어떤 성향을 갖는지도 내가 정하고 판단할 수 있고 평가할 수도 있다. 이것은 형용사로 표현되며 그 모든 움직임은 동사로 표현된다.

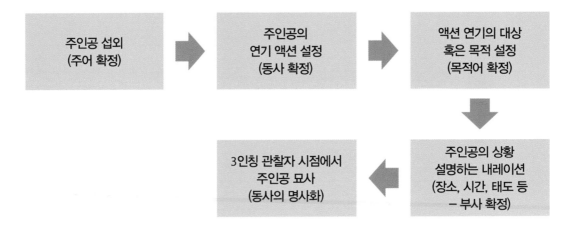

이러한 하나의 최소단위, 즉 그 주인공이 뭔가를 하거나 어떤 성향을 갖고 있다는 '주어 + 동사'가 들어간 최소한의 단위를 우리는 학창시절에 절이라고 배웠다. 그 절에는 부수적으로 설명하는 내레이션이 들어갈 것이다. 이러한 내레이션까지 포함하면 하나의 플랫폼이 된다. 이 플랫폼을 기준으로 계속적으로 연극을 이어 나가고 스토리를 확장해 나갈 수 있는 것이다. 아까 말한 끊어 말하기의 오류는 마치 주인공의 이름을 둘로 쪼개어 부르는 것과 같다. 혹은 주인공이 해야 할 액션을 동시에 다르게 지시하는 것과 같다. 때문에 원어민들이 인식하는 쪼개질 수 없는 생각의 최소 원자를 끊어 말하는 것은 매우 위험하고 지양해야 할 스피킹 중에 하나라고 말할 수 있다.

I was so pleased to receive your…um… letter because ah… I like your message uh…you message has very happy um… to my birthday.

위 문장은 실제로 어떤 한국인이 영국친구에게 매우 비싼 선물과 생일 축하

110

편지를 받고 기쁨을 표현한 것이다. 그러나 your 다음에 끊어 말하게 되면 내가 당신의 편지를 받고 기쁜 건지 아니면 당신의 어떤 것을 받고 기쁜 것인지 오해를 살 수 있는 여지가 있다. 청자 입장에서는 당신의 어떤 것을 받고 "음…"이라는 말을 듣게 되면 내 편지가 아니라 혹시 내 비싼 선물을 받고 기분이 좋은데 편지라고 하는 것인지 여러 가지 생각이 많아질 수 있다. 또한 Because 다음에 말을 끊어버리면 내가 왜 기분이 좋은 것인지 미리 머릿속에 생각하지 않고 즉흥적이며 형식적으로 말하고 있다는 오해를 할 수도 있다. 마지막으로 happy 다음에 to my birthday를 끊어 말하는 것도 문법적인 오류 이외에 당신이 내 생일이라 기쁜 것이라고 표현될 수 있기 때문에 의미전달에 상당한 오류가 올 수 있다. 물론 청자 입장에서 위와 같이 극단적으로 생각하지는 않겠지만 듣는 사람의 입장에서는 위 표현이 조금은 불편할 수 있다는 점을 간과해서는 안 된다. 이와 같이 한국식으로 생각하고 말하고 문장을 표현하다보면 기본적으로 상대방에게 대화를 지속하고 싶은 동기 부여를 일으킬 수 없다. 이렇게 되면 소통의 장애뿐 아니라 대화의 확장성도 잃어버릴 가능성이 높아질 것이다.

08 형용사/동사는 명사로 만들어 최대한 문장을 단순화시켜라

앞 파트에서 스피킹을 할 때 가장 중요한 것 중 하나는 영어식으로 생각하는 단위를 익히는 것이라 했다. 나아가 확장성과 의미를 갖는 최소의 단위인 정보 플랫폼 패키지에서 그 의미를 3인칭관찰자시점에서 바라보는 것이라고 하였다. 모든 스피킹을 3인칭관찰자시점으로 하면 동사의 변형이나 시제 그리고 3인칭 단수에 대한 동사의 변형과 같이 동사나 형용사를 사용했을 때 수고해야 하는 여러 가지 복잡한 고민들을 줄일 수 있다. 또한 모든 시각을 3인칭으로 객관화하여 3자 입장에서 바라보고 설명하는 문장으로 변환하게 되면 모든 문장이 단순화된다. 실제로 아래 나와 있는 동사들은 명사형으로 바꿔서 쓰는 것이 더 자연스러울 때가 많다. 때문에 이러한 방식의 표현법은 영어 스피킹에서 매우 유용하다.

(a) He recommends that the we should enhance the communication skills in the course of criminal investigation.
(b) His recommendation is to enhance the communication skills in the course of criminal investigation.

위 예문을 보면 우리가 소통 기술을 발전시켜야 한다는 (a)문장의 표현보다는 (b)가 더 괜찮은 표현이라고 할 수 있다. 좀 더 Dry하게 3인칭관점으로 사실을 전달하며 조금 단어 수를 줄여 깔끔하게 표현했기 때문이다. 이러한 명사화시키는 과정은 대부분 자동사(목적어 없이도 자생할 수 있는 동사)의 경우에 더 많이 사용되지만 타동사 같은 경우에도 이렇게 동사를 단순화시켜 말하는 습관이 한국인들에게는 필요하다. 그 가장 큰 이유는 동사의 시제변화 및 자/타동사 인지의 고민 그리고 3인칭 단수에 대한 s첨가 등등 한국인들이 헷갈려 하는 많은 고민으로부터 해방될 수 있다는 점을 들 수 있겠다. 또한 위에서 얘기한 플랫폼 패키지에 대한 이해를 돕고 문장의 기본적인 최소 의미 패키지를 이해하는 데에도 이러한 명사화 과정이 도움이 된다. 즉, 명사화하게 되면 문장이 that절 없이도 단순해질 수 있어 끊어 말하기의 오류 혹은 어순에 대한 고민 등에서 조금은 자유로워질 수 있을 것이다.

동사	명사형
Implement	Implementation
Collaborate	Collaboration
Compensate	Compensation
Improve	Improvement
Recommend	Recommendation
Achieve	Achievement

위 표에 나와 있는 동사들은 명사형으로 바꿔서 쓰게 되면 훨씬 자연스러우며 의미도 더 간결하고 명료하게 전달할 수 있을 것이다. 참고로 동사를 명사화하는 데는 두 가지 기본 법칙이 있다. 위 단어들과 같이 명사형이 많이 쓰이는 동사들이 아닐 경우에 대부분 아래와 같은 방식으로 명사화하여 사용하는 경우가 많기 때문에 머릿속에 항상 염두할 필요가 있다.

<동사를 명사화하는 방법>

study → to study (to 부정사)

study → studying (동명사)

* to 부정사: to + 동사의 원형

* to 부정사와 동명사는 해석상 완벽하게 같다고 보면 된다.

* 하지만 to 부정사가 먼저 생겨났고, 동명사는 to 부정사를 보완하기 위해서 나타난 문법이다.

아래의 박스들은 자동사나 타동사가 명사형으로 쓰였을 경우 어떻게 의미가 바뀌는지에 대한 예시이다. 관용 표현 등 회화에서 유용하게 쓰이는 몇 가지 동사의 예를 들어 설명해보겠다.

Violate

'법을 어기거나, 사람의 신상을 더럽히다'라는 뜻의 타동사이다. 이 경우 violation은 추상적인 뜻으로 쓰이는데, 어떤 때에는 violate한 instance, 즉 행위 또는 사건을 말하기도 한다.

The violation of human decency that the ruler exhibited angered many.
(the ruler violated the human decency of his people)

It is a violation of law. 법을 어긴 예(건)이다.

Mr. Kim, I see you have several traffic violations that need to be resolved.
(여러 차례의 교통법 위반들)

Adjust

'…를 조정하다'라는 뜻의 타동사이면서, 또한 '…에 순응하다'는 뜻의 자동사이기도 하다.

Frequent adjustment of the thermostat is needed to keep the room temperature steady. (adjust the thermostat frequently)

Adjustment to my new environment didn't take long. (새로운 환경에 적응함)

A slight adjustment of the throttle speed was made in her car.
(engine throttle speed를 약간 조정했다.)

Adjustment or the status quo. That is your choice. (적응 아니면 현상 유지)

All the adjustments we made were in vain.

Arbitrate ▼

'중재하다'라는 뜻의 자동사(The judge arbitrated), 또는 타동사(She will arbitrate the dispute)이다.

I will try to arbitrate. (My attempt at arbitration)

The arbitration of the negotiator bore no fruit.
(negotiator가 arbitrate하다. 즉, 자동사의 뜻이 명사화되었다.)

The arbitration of the labor dispute between parties.
(노동분쟁을 arbitrate하다. 즉, 타동사의 뜻이 명사화되었다.)

The union is against arbitration, but the government wants the arbitration from all arbitrators continue.

Exaggerate ▼

'과장하다'라는 뜻의 타동사, 자동사이다.

She frequently exaggerates her beauty.(Her exaggeration of her beauty 타동사의 뜻)

He frequently exaggerates.(his frequent exaggerations 자동사의 뜻)

The exaggeration of her achievement can be nauseating sometimes.
(자기의 업적을 과장함)

Mr. Choi always thought he was superior to his fellow workers. What an exaggeration!

People naturally exaggerate. Exaggerations of various forms can be seen around us. No kidding!

* 물론 위 동사들에서 변형된 명사들 외에, 동명사들을 생각할 수 있다. adjusting, arbitrating, exaggerating 등이 성격이 다른 명사 역할을 한다. 기존하는 명사에 더해, 동명사를 파생할 수 있기 때문에 영어의 명사 또한 확장성을 가질 수 있다는 사실을 보게 된다.

Study ▼

'무엇을 공부하다'라는 뜻의 타동사와 '학습하다'라는 뜻의 자동사이다. spend time and effort to obtain a certain information 등 노력한다는 뜻이다. 그래서 studious라는 형용사가 여기서 시작한다. He is a studious child.

I studied Biology last year and I studied very hard to understand the basic principles of it.

The study of English I believe takes a lifetime if you want to be good at it.
(영어를 공부함)

The proposal is currently under study. (현재 검토중이다)

It is a real study of human endurance. (인간의 endurance를 심각히 연구하는 것이다)

A study of this phenomenon is described in detail in that magazine. (연구)

I will be in my study. 나의 서재에 있겠다.

Study and perseverance are two key elements of success.

studies

어떤 학문을 뜻할 때는 복수형으로 말한다. 즉, the pursuit of academic knowledge를 studies라고 한다.

I will continue my studies abroad.

religious studies (종교학, 대학에서 종교에 관해서 학문적으로 연구하는 것)

native studies (본토인에 관해서 학문적으로 연구하는 것, 본토인 사회나 역사에 대해서 여러 면으로 연구하는 것)

Excavate ▼

'굴이나 땅을 파낸다'라는 자동사이다.

Excavation is an important step in archeology. ('굴착, 팜'이라는 뜻의 추상명사)

When I saw a huge excavation on top of a mountain in Korea, I did not know what to think of it. (파낸 결과로 남은 구덩이)

Should I have praised it for its technical achievement or lamented the fact they are leaving an ugly scar on the skin of fragile nature.

Move ▼

'…를 옮기다, 움직이다'라는 뜻의 타동사, 자동사이다.

Suddenly I noticed the movement of the floor. 마루가 움직이는 것을 보았다.(자동사)

The movement of our office will take place in a week. 우리 사무실을 옮기다.

What is your next move now? 다음의 움직임이 무엇이지?
(chess같은 game에서 자기의 piece 움직임을 말함)

He put such a fancy move on his opponent. (상대방에 대해서 교묘한 동작을 취한 것)

I am watching every move of yours. (모든 행동을)

앞선 예시에서 알 수 있듯이 동사를 명사화하며 다양한 표현들을 만들 수 있고 동사를 꾸며주는 부사를 대신하여 앞에 전치사 등으로 명사화된 동사들도 얼마든지 다양한 표현을 할 수 있다. 명사화된 동사를 쓰고 거기에 스피킹에 유용한 Template 구문을 입히면 더 쉽게 마스터 플랫폼을 디자인할 수 있을 것이다. 또한 동사를 쓸 때 생기는 많은 문법적인 고민 대신 좋은 구문을 선정할 시간을 벌어 더욱 다양한 표현을 쓸 수 있을 것이다.

초보 영어 회화 학습자들에게 가장 필요한 것은 내가 말해야 할 영어 문장들을 단순화하고 내 것으로 만들며 오랫동안 뇌 속에 새기는 일이라고 할 수 있다.

때문에 동사를 최대한 명사화시켜서 be동사를 통일하고 동사의 변형을 걱정하는 시간을 최소화시키는 작업이 필요하다. 동사를 명사화시킨 문장에서는 'A is B'와 같이 문장이 단순화되기 때문에 의미를 갖는 최소한의 정보 플랫폼 패키지를 이해하는 데에도 도움이 많이 되고 말을 하는 순간에도 어느 곳에서 끊어 말해야 하는지 비교적 쉽게 판단할 수 있다. 그럼 위에서 설명한 내용을 토대로 동사가 들어간 문장을 명사화시켜서 바꾸는 연습을 해보도록 하자.

The police examined the terrorism that is triggered in the center of the town with the hundreds of victims.

▶

He improved the steam engine which enabled it to drive machinery in a very effective way.

▶

He adjusted trial balance for green advertising services that is considered as the most profitable company in the industry.

▶

He decided to make further improvements on the computer's design in the period of business development.

▶

He proposed that many forms of abnormal behavior can be traced to cognitive factors.

▶

She achieved the remarkable results that was the highest score in the national mathematic competition history.

▶

The FBI is examining additional surveillance video taken from an expanded area around the Wisconsin home where a couple was shot and killed.

▶

He invested all of this funds in the Bank of Toronto which became through merger today's Toronto–Dominion Bank.

▶

09 영어 스피킹 비법

: 쉐도잉 구문을 통해 '체공 시간을 늘려라'

…은 조금도 놀라운 일이 아니다. ⇔ No wonder (that) + 절

…은 중요한 일이다. ⇔ It is important (crucial) that + 절

…는 …이기 때문이다. ⇔ It is largely due to the fact that + 절

…는 주목할 만하다. ⇔ It is notable that + 절

…는 당연하다. ⇔ It goes without saying that + 절

…는 상식적인 일이다. ⇔ It is common knowledge that + 절

어느 ～이 모두 그러하듯, …이다. ⇔ As is true of any～, 절

예시로 든 구문들은 마스터 플랫폼을 만들기 위한 스피킹 필수 구문에서 발췌한 것이다. 여기서 주목해볼 것은 위 구문들이 그 자체로 뒤에 나오는 절에 새로운 의미를 부여하거나 간섭을 하지 않는다는 점이다. 그저 강조를 하거나 부연설명을 할 뿐이어서 사실은 없어도 문장의 의미에는 큰 지장을 주지 않는다. 예를 들어 'It is largely due to the fact that + 절'의 경우 'Because + 주어 + 동사'와 같은 의미로 사용되는 구문이지만 좀 더 강조해서 늘려서 만든 구문일 뿐이다. 그렇다면 왜 굳이 이렇게 강조하거나 늘려 말하는 구문들을 첨가해야 하는지 의문인 독자들이 있을 것이다. 하지만 이러한 구문들은 실제로 원어민들이 매우 많이 사용하는 스피킹 구문들이고 영화나 회화 속에서도 매우 많이 등장하는 문장들이다. 혹자는 구어체보다 문어체에 더 많이 사용되는 구문이 아니냐는 질문을 할 수도 있겠다. 그러나 이러한 구문들은 말을 좀 더 세련되고 정확하게 강조하는 역할 말고도 이른바 '체공 시간'을 늘리는 효과를 갖고 있다. 실제로

중요한 의미는 이런 문장들 뒤로 나오는 절에 90프로 이상 담겨 있다고 해도 과언이 아니다. 따라서 위 구문을 사용하면 뒤로 이어지는 문장의 의미를 한번 더 짚어보고 고민하고 그 문장에 있는 형용사, 동사, 부사 등을 어떤 것으로 선택할지에 대해 최종적으로 리뷰할 수 있는 시간을 가질 수 있다. 예를 들어 청자가 앞에 말하는 문장을 주의 깊게 듣고 무슨 뜻일까 생각하는 동안 화자에게는 뒷문장을 다시 고민하고 상황이나 청자의 반응을 보며 부사, 동사, 형용사 등을 교체하거나 바꿔서 말할 수 있는 기회가 생기는 것이다. 영어로 대화를 하는 데 있어서 화자와 청자의 상호작용은 매우 중요하다. 필자는 이러한 구문들이 화자가 말하는 단어나 문장을 청자가 집중해서 듣도록 하는 장치로써 매우 중요한 역할을 한다고 강조하고 싶다.

영어 회화는 단순한 일방적인 스피치가 아니다. 청자의 질문이나 대답에 따라 화자의 단어 문장 의미가 달라질 수 있고 미묘한 뉘앙스(Nuance)에 따라 그 대화의 방향이 완전 달라질 수 있다. 이와 같은 점을 고려하면 이러한 구문들을 이용한 장치들이 얼마나 중요한 역할을 하는지 알 수 있다. 이러한 구문들은 화자가 갖고 있는 하나의 무기이며 대화를 집중시키고 주위를 환기시켜 뒤에 나오는 문장을 강조하는 중요한 역할을 한다는 것을 유념하여야 한다.

(A) Because you are beautiful.
→ It is largely due to the fact that you are beautiful.

(B) Because We have a strict, zero tolerance attitude in this regard and shall take action against anyone behaving or using language that is abusive, offensive or obscene.
→ It is largely due to the fact that We have a strict, zero tolerance attitude in this regard and shall take action against anyone behaving or using language that is abusive, offensive or obscene.

예를 들어 (A)문장을 보면 '당신이 아름답기 때문에'라는 말 앞에 선행 문장이 없어 그 자체로 불완전한 의미를 전달하고 있는 느낌을 준다. 그러나 '당신이 아름답기 때문이라는 사실이 가장 큰 이유'라는 문장을 보면 사실 위에 문장과는 같은 의미를 갖지만 그 자체로 독립적인 의미를 갖고 더욱 완성도가 높아 보인다. 또한 '당신이 아름답다는 사실'이라는 문장을 강조하는 동시에 아름답다는 사실 이외에도 다른 이유가 있는 것 같은 여지까지 남기는 효과가 있다. 화자 입장에서는 다른 말을 이어 나가는 데 있어서 일단 이러한 '여지'를 남기는 것이 무엇보다 중요하다. 이러한 여지를 남기면 청자의 호기심을 자극하여 좀 더 풍성하고 디테일한 대화를 나눌 수 있다는 장점이 있다. 또한 (A)의 뒷문장 같은 경우 체공 시간을 늘려 뒤에 어떤 말을 해야 할지 생각할 공간을 부여하는 효과까지 있다.

(B)문장을 보면 '우리는 매우 엄격하고 예외 없는 기준을 갖고 있으며 모욕, 음란 공격적인 행동이나 언어를 사용하는 자에 대해 그에 상응하는 조치를 취할 것이다'라는 매우 진지한 문장이 나온다. 이 문장의 이유를 설명하기 위해서 Because라는 다소 가벼운 단어보다는 더욱더 공적이고 엄중한 느낌을 주는 'It is largely due to the fact'라는 문장이 더욱 적절해보인다. 중요한 공지나 경고를 하는 경우에 이 구문을 사용하면 앞에 문장은 더 적절해보이고 뒤에 준비한 문장은 강조된다. 또한 공신력을 실어주는 Fact라는 단어를 이용하여 더욱 강력한 의미를 갖게 하는 효과를 내고 있다. 하지만 가장 중요한 효과는 여러 가지 경고를 갖고 있는 단어들을 정리하고 선별하는 '체공 시간'을 늘려주는 효과를 내는 것이다. 뒷문장을 말로 표현할 때는 여러 가지로 예민한 부분이 있기 때문에 화자로서 공지를 할 때 '체공 시간'을 확보하는 것은 아주 중요하다.

처음에 예시로 보여준 다른 구문들도 화자가 다양한 효과와 다양한 장치를 활용해 '체공 시간'을 늘릴 수 있게 하는 역할을 하여 특히 초보 회화 학습자가 말을 할 때 여러 가지로 큰 도움을 줄 수 있다. 초보 회화 학습자에게 필요한 것, 즉 뒷문장에 표현하는 단어나 키워드 혹은 동사나 부사들의 선택을 조금 더 확실하게 정리할 시간을 벌어주는 효과와 함께 말의 강조와 청자의 주의 환기 같은 역할도 기대할 수 있기 때문에 매우 중요한 구문들이라고 할 수 있다.

3

Chapter

전혀 새로운 영어 '스피킹 플랫폼'

: Two-way 뇌새김 학습법의 연습과 정복!

10 이제 휘발성 강한 영어로 인한 시간 낭비는 그만!
새로운 영어 스피킹 학습법 : 베르니케/브로카 학습법

글쓰기는 머릿속의 생각들을 긁어서 정리하는 과정이다. 즉, 글을 쓰며 사람들은 생각을 정리하고 체계화시키며 기록한다. 그 기록은 사진과 같이 그 사람의 발자취가 되며 기억이 되고 추억이 된다. 언어의 역할 중 가장 중요한 것 중 하나는 바로 생각을 표현하는 것이다. 하루에도 수만 가지의 생각을 하고 살아가는 인간에게 가장 중요한 것은 바로 생각을 정리하고 다듬으며 그 생각으로 이성적이고 합리적인 판단을 해서 행동으로 옮김으로써 그 생각을 '보편화'시키는 것이라고 필자는 생각한다. '보편화'는 그 순간순간의 생각들을 행동으로 옮기는 과정에서 내가 할 수 있는 가장 최선의 선택이 무엇인지 가치 판단을 하는 일을 지속적이고 안정적으로 반복하는 것이다.

생각을 '보편화'하는 과정에서 인간은 다른 곳에서 얻은 지식이나 스스로 창조해낸 생각을 적절히 융합하여 가치 있고 의미 있는 생각과 행동을 하려고 애쓴다. 인간이 동물과 다른 점은 스스로 이런 끊임없는 '생각의 보편화' 과정을 통해 정리된 생각을 언어로 표현하여 상대방과 소통하고 이성적인 교류를 할 수 있다는 점이다. 이 교류의 과정에서 가장 편리하고 효율적인 방법은 말을 통한 음성적인 소통일 것이다. 가장 빠르고 신속하며 시간과 공간의 제약을 가장 덜 받기 때문이다. 또한 '말하기'는 음성이라는 수단 이외에 여러 가지 시각적인 요소를 덧붙여 다양한 의미와 뉘앙스를 표현할 수 있는 수단이다.

때문에 '언어 능력'을 평가할 때 흔히 사람들은 얼마나 유창하게 말할 수 있는가를 중요하게 생각한다. 특히 다른 언어를 습득할 때 이 말하기 능력을 키우기 위해서 가장 많은 노력을 한다. 하지만 언어를 습득하는 과정은 말하기, 듣기, 읽기, 쓰기 등을 가장 중요한 수단을 종합적으로 그리고 체계적으로 고려하여 이루어져야 한다는 점에 주목해야 한다. 특히 이 네 가지 요소들은 상호작용이 활발해서 한 가지 요소가 떨어지면 다른 요소에도 그 결핍이 전달되어 전체적으로 부정적인 영향을 미친다. 그럼 이 네 가지 수단 중에서 어떤 것이 가장 중요한 역할을 하고 있으며, 언어능력을 지탱하고 발전시키기 위해서는 어떤 것에 집중해야 할까?

예상했겠지만 필자는 어떠한 반론에도 반박할 수 있을 만큼 '쓰기' 능력이 무엇보다 중요하다고 단정지어서 말할 수 있다. 왜냐하면 우리가 실질적으로 영어를 통해 내 자신을 브랜딩하고 콘텐츠를 생산하고 혹은 그로 인해 경제적 물질적 이윤을 얻기 위해서는 문서화 혹은 쓰여진 영어 콘텐츠의 퀄리티가 절대적인 역할을 하기 때문이다. 실제로 있었던 실화를 예로 들겠다. 영어권 국가에서 태어나 오랜 시간 영어를 배운 A라는 사람이 한국에서 취업을 하여 해외영업을 맡게 되었다. 이후 A는 유창한 영어 실력으로 바이어들과 통화하고 미팅을 해서 큰 계약 건을 따낼 기회가 왔다. 하지만 이 해외 바이어는 결국 계약을 철회했고 A는 그 이유를 알지 못한 채 의아해했지만 결국 '정확한 이유'를 찾는 데 실패했다. 나중에 알게 된 사실은 다음과 같았다. A의 이메일 혹은 계약서에 써놓은 영어 문장의 수준이나 내용이 턱 없이 수준 미달이었기 때문이다. 바이어는 결국 향후 거래 과정에 있어서의 신뢰나 A의 역량에 대해 의문을 갖게 되었고 이것이 계약을 성사시키는 데 결정적인 결격 사유가 되었던 것이다. 그만큼 쓰기는 휘발성이 가장 약하고 실질적인 종합사고 능력을 배양할 수 있는 언어 수단이다. 필자는 이런 쓰기를 말하기 학습법에 응용하여 발전시키면 어떨까 하는 생각을 하게 되었고 이 아이디어에서 획기적인 스피킹 학습법을 찾아냈다.

우리는 문장을 디자인하고 쓰고 발전시키는 과정을 머릿속에 수없이 반복한다. 특히 모국어를 구사할 때는 엄청나게 빠른 processing을 통해 그때그때 다른 표현과 문장으로 현란한 스피킹을 구사한다. 하지만 외국어를 터득할 때에는 이러한 뇌에 새기는 과정을 거치지 않고 스피킹 자체에만 집착하여 학습을 하려고 하는 경향이 있는 것이 사실이다. 필자는 이러한 치명적인 문제점은 근본부터 해결해야 한다고 생각했다. 필자가 이전에 집필한 책에서 언급한 내용을 다시 상기시켜 'Writing의 특징'을 한번 되짚어보면 영어 스피킹 학습의 새로운 패러다임, 즉 필자가 공개하려는 새로운 학습방법에 도움이 될 것으로 사료되어 간단히 정리해보았다.

Writing 학습이 Speaking학습과 적절하게 병행되어야 하는 이유

1. Writing을 통해 자기 생각을 직접적으로 또는 논리적으로 시간을 갖고 표현할 수 있는 기회를 가질 수 있으며 Speaking과 다르게 자기의 생각에 대한 고찰을 하고 다듬어 발효시킬 수 있는 시간적 여유를 가질 수 있다.

2. 여기서 발효시킨다는 것은 자기의 생각을 더듬어보면서 이 생각이 정확하게 글에 표현되고 있는지 다시 Review할 수 있음을 의미한다(Speaking의 경우 한번 내뱉은 말은 다시 주워 담을 수가 없다). 즉 생각을 정제(Refine)시켜서 다양한

방법으로 표현하고 상대방에게 내 생각을 표현하여 서로의 생각을 교류하고 고민해보고 차이점을 이해시키거나 설득시킬 수 있는 여유를 가질 수 있다는 뜻이다.

3. 이러한 Writing 과정을 뇌에 입력하여 연상하는 방식으로 스피킹을 학습하는 방법은 한 사람의 '종합사고능력'을 발달시키는 가장 중요한 요소이다. 이를 통해서 청자는 화자의 생각을 상상해볼 수 있으며 다양한 방식으로 피드백을 줄 수 있는 기회를 얻을 수 있다. 가장 중요한 것은 화자의 생각을 전달함에 있어서 그 문장이 갖고 있는 다양한 의미를 함께 고민하고 생각해볼 수 있는 플랫폼적인 역할을 바로 이 스피킹을 위한 스크립트, 즉 마스터 플랫폼이 한다는 것이다.

4. 영어로 된 글을 쓰게 되면 문법에 필요한 기초적인 지식을 찾아서 활용해야 한다. 때문에 쓰기는 영어 문법공부에 있어서 가장 효율적인 방법이 될 수 있다. 내가 알고 있는 영어 지식이나 표현을 직접 쓰게 됨으로써 더 확실히 영어로 된 표현이나 문구를 내 것으로 만들 수 있다.

5. 영어로 된 문장을 뇌새김하고 자꾸 쓰고 활용하다 보면 다른 사람이 말하는 다양한 표현을 이해하는 능력, 즉 듣기 능력이 향상된다. 듣기 능력은 집중력이 좌우한다고 할 수 있다. 상대방이 어떤 얘기를 하는지 관심이 없으면 글이 머리에 들어오지 않는다. 하지만 영어로 머릿속에 스크립트를 쓰는 것에 익숙해지면 상대방이 어떤 표현들을 하는지 어떤 얘기를 하는지 조금 더 집중하게 되고 문장들이 점차 익숙해진다. 이 방법을 통해 영어 스피킹과 영어 독해 능력 및 듣기 능력 역시 향상될 수 있다.

위에 나와 있는 내용을 자세히 살펴보면 Writing 학습이 언어를 불문하고 얼마나 중요한지 알 수 있다. Speaking이 갖고 있는 치명적인 단점인 '휘발성'을 보완해주기 때문이다. 지속적인 언어능력의 증진과 향상을 위해서는 Writing이라는 언어의 도구를 절대 등한시해서는 안 된다. 우리나라에서 영어에 대한 고민이 있는 대부분의 사람들 그리고 영어가 잘 안 되는 사람들의 대부분은 Speaking이 안 되기 때문이라고 생각하는 경우가 많다. 하지만 Speaking은 사실 '지속적이고 안정적으로 언어 능력을 향상시키기 위해서 필요한 언어의 수단' 중 가장 중요한 역할을 하고 있지 않다는 점을 필자는 역설하고 싶다. 즉, 말하기는 쓰기의 과정을 마스터하고 나면 자연스럽게 향상될 수 있고 큰 노력 없이도 단기간에 장족의 발전을 할 수 있는 언어의 수단이다. 때문에 현재 대한민국에서 행해지고 있는 '스피킹'부터 마스터하고자 하는 수많은 사람들의 학습 방법은 처음부터 상당한 비효율성을 내재하고 있으며 이러한 비효율적인 학습 방식을 부추기는 그리고 그런 방식의 교재들을 쏟아내는 수많은 영어 교육 회사들의 교육 방식 또한 대단히 비효율적이며 위험한 방식이라고 필자는 확신한다.

이쯤 되면 도표(Diagram)를 참고하여 Speaking이라는 언어 수단의 발생 방식과 내재적 특징을 한번 고민해볼 필요성이 있을 것 같다.

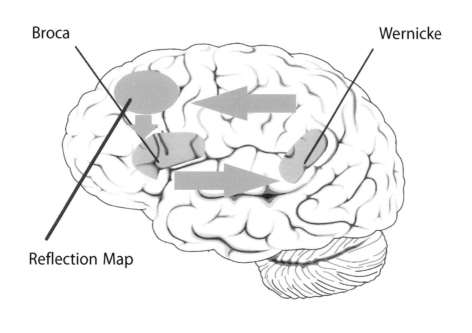

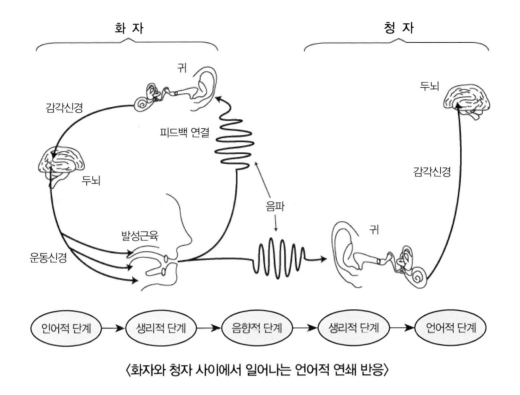

화 자   청 자

귀

감각신경

피드백 연결

두뇌

두뇌

음파

감각신경

발성근육

귀

운동신경

인어적 단계 → 생리적 단계 → 음향적 단계 → 생리적 단계 → 언어적 단계

〈화자와 청자 사이에서 일어나는 언어적 연쇄 반응〉

위 그림에서 주목할 부분은 이 책의 앞에서 언급했던 연상의 지도(reflection map)이다. reflection map에서 인지한 언어적 정보는 어떤 말을 할지에 대한 '생각'을 거쳐 what to say, 즉 어떤 말을 할 것인가를 판단하는 과정을 거치게 된다. 여기서 how to say와 silent speech까지 가는 과정이 Writing 과정에서 how to write를 거쳐 손으로 글을 쓰는 과정보다 생리학적 단계에 더 의존하는 경향이 있어 사람이 말을 할 때는 생리학적이나 신체적 문제나 결함 혹은 컨디션에 따라 많은 오류를 범하게 된다. 뇌과학자 박문호 박사는 "브로카 영역은 말하는 기능을 담당하는 언어영역이지만 단순 언어영역은 아니다"라며 "이 브로카 영역 옆에 감정과 동기에 대한 영역이 있는데, 이 때문에 감정이 격해지면 그 감정이 이입된 발성, 즉 소리를 내게 되는 것이다. 특히 놀랐을 경우에는 반사적으로 놀란 반응 즉 소리가 난다. 구조를 알면 기능 이해도 쉽다는 게 바로 이런 경우다"라고 역설했다.

박 박사에 따르면 이렇게 격해진 감정에 의해 발성된 소리를 제대로 조절하기 위해 성대와 같은 발성기관이 생기게 됐으며 놀랐을 때 내는 소리가 언어의 기원이 됐다. 그는 브로카 영역과 함께 언어중추로 알려진 베르니케 영역에 대해 설명하며 "베르니케 영역은 그 위치가 시각영역은 물론이고 청각영역과도 가깝고 체감각영역과도 인접해 있다"며 "때문에 베르니케 영역은 지각과 기억이 연결돼 있어서 이 부분에 이상이 생기면 훨씬 심각한 실어증 증세를 보인다"고 설명했다.[1]

참고로 베르니케 영역은 말의 의미 혹은 이전까지의 모든 문장이나 단락의 내용을 요약하고 그 핵심만 발췌하는 능력과 관련이 있으며 이것은 내가 청자를 어떤 방향으로 이끌고 나갈 것인가에 대한 큰 그림을 그리는 능력과도 밀접한 관련이 있다. 즉, 말의 큰 방향성을 설정하는 중요한 기술 중에 하나라고 할 수 있는 베르니케 영역은 Silent Speech를 통해 기존 문장이나 전 문장 혹은 질문자의 문장을 기억하고 중요 부분을 발췌하여 내가 하는 말에 적용시키는 능력이다. 이는 꾸준한 노력과 다양한 연습(많이 듣고 많이 쓰고 많은 관심을 갖는 방법)이 필요한 과정이며 이를 통해 원어민과 같은 가로적/세로적 신축성을 갖는 언어를 구사할 수 있게 된다.

베르니케 영역은 문장 구사력과 문장을 구성하는 속도 및 문장의 구조화에 대한 능력을 개발하는 브로카 영역의 발달과 함께 말하기에 필요한 외적인 요소와 상황을 인식하고 판단하고 적응하는 능력까지 말한다. 이는 신체적 생리적 현상과도 연관되어 있으므로 말하기를 하는 과정에서 결부되어 있는 모든 정신적/외부적 요소들을 총괄해서 다룬다고 할 수 있다. 다시 말하면 말하기에 필요

---

1   뇌과학의 모든 것 : 뇌과학 전문가 박문호 박사의 통합 뇌과학 특강, 박문호, 2013년

한 모든 요소와 상황들을 컨트롤하고 인지하고 개선시키는 종합 능력을 키우는 것이 이 베르니케 학습법이다.

위 내용을 종합해보면 인간이 구사하는 말하기라는 언어 수단은 말을 함과 동시에 다시 본인의 귀로 습득된다. 그러나 생리적 단계를 거쳐 신체적인 혹은 몸상태나 여러 가지 요인들에 의해 reflection map에 도달하였을 때는 여러 가지 외부요인들, 즉 신체적 이슈나 외부 자극으로 이해 대부분이 손상되고 날아가서 시간이 조금만 지나도 소멸되거나 잊어버리게 되는 경우가 많다. 때문에 '정보의 기록과 선택적 축적 바탕을 둔 종합적 사고'를 하기에는 적합한 언어 표현 도구가 아닌 것이다. 때문에 필자는 Speaking이라는 언어 수단을 '휘발성'이 강하다고 하는 것이고 언어 학습을 하는 데 있어서 휘발성 강한 수단을 중점적으로 학습하는 것은 전혀 효율적인 방식이 아니라고 본다.

뇌의 언어 생산 과정 중 Writing을 발달시키는 학습법을 reflection map에 적용하여 what to say로 전달되어 만들어진 문장을 how to say와 silent speech까지의 과정에 대입시키면 how to say를 how to write로 바꿔볼 수 있다. 그리고 silent speech 과정에서 writing 학습법 중 하나인 단어 연상과 그 연상된 단어를 구문에 집어넣는 과정을 연습하여 터득하면 기존에 있는 모든 스피킹 학습방식에 비해 대단히 효율적이고 혁신적인 말하기 학습법을 개발할 수 있겠다고 필자는 확신했다. 지난 15년 동안 어떻게 하면 대한민국 국민들의 고질병인 영어 울렁증을 고칠 수 있는 획기적 방법을 고안할 수 있을지 끝없이 고민했다. 그 결과 뇌에 쓰고 새겨서 연상하고 대입하는 '뇌에 새기는 연상대입 스피킹 학습법', 즉 '브로카 학습법'과 '베르니케 학습법'을 개발하였다. 이 획기적이고 혁신적인 스피킹 학습법을 소개하기 전에 Writing 학습법으로 뇌에 기록하고 새기는 방식과 Speaking 학습법과의 상관관계를 간략히 소개하고자 한다.

"입으로 배우고 입으로 하는 영어는 결국 입에서 휘발되어 사라지고 기억 속에 남지 못하며, 그것은 내 실력이 아니다. 입 속에서만 맴도는 영어는 뇌와 소통이 되지 않고, 결국 입으로 한국말을 더 많이 사용하게 되면 바로 연기처럼 사라진다. 내 생각을 영어로 머릿속에 써가며 응용하는 영어는 입으로 나왔을 때 내 것이 되며 내 생각이 되며 내 영어실력이 된다. 필자는 기존의 모든 영어 스피킹 혹은 회화 학습법을 전면 거부하고 전혀 새로운 그리고 내 머릿속에 남는 영어 학습법을 제안하려고 한다."

다음은 존스홉킨스대학 보도자료에 실린 연구자들의 말이다.

"우리는 말하는 동안에 뇌에서 정보가 어떻게 흐르는지 연구하는 데 관심을 갖고 있습니다. 이번 연구에서는 처음으로 서로 다른 언어 과제를 행하는 동안에 뇌의 서로 다른 센터에서 일어나는 활성화의 순간(timing)을 매우 정밀하게 기록할 수 있었습니다. 브로카 영역은 말하기 발성에서 매우 중요하다고 늘 여겨져 왔지만 지금까지는 그 정확한 역할은 명확하게 밝혀지지 않았습니다. 우리는 브로카 영역이 말하기 발성을 수행한다고 단정하기보다는 발성 계획을 진전시키며 발성되는 것을 모니터링하면서 말하기 흐름에서 오류를 수정하고 조정을 행한다는 것을 알아냈습니다." (공저자 나산 크론[Nathan Crone])

"(신경과학자들은 전통적으로 뇌의 언어 센터를 두 가지의 영역으로 나누어 왔습니다. 하나는 말을 인지하는 영역이고 다른 하나는 말을 생산하는 영역입니다.) 이번 연구의 발견 덕분에 우리는 이분법을 완화하는 견해로 나아갈 수 있습니다. 브로카 영역은 말의 생산을 위한 센터일 뿐 아니라 뇌 영역을 가로지르며 정보를 통합하고 조정하는 데에도 중요한 영역이라는 것이지요." (교신저자 아딘 플린커[Adeen Flinker])[2]

브로카 영역은 정보를 조직화해 문장을 만들고 입을 움직여 발성하게 하는 말하기의 전체 흐름에서 조정자 또는 매개자로서 중요한 구실을 하고 있다. 그러나 실제 소리를 내어 말하는 동안에는 활성을 멈춘다. 존스홉킨스대학의 보도자료는 이런 특징에 빗대어 브로카 영역은 말하기를 준비하고 계획해서 운동 영역이 발성할 수 있게 하는 '뇌의 대본 작성자(scriptwriter)'라고 비유하기도 했다. 연구자들은 이번 연구가 실어증의 진단과 치료에 도움을 줄 수 있을 것으로 기대하고 있다.

요약하면 브로카라고 하는 언어중추 뇌 영역은 말하기를 하는데 가장 중요한 요소이며 말을 조리 있고 논리적으로 하기 위해서는 브로카 및 베르니케 영역을 발달시켜야 한다. 그래서 이 영역의 능력을 향상시키려면 우선 필자가 집필한 『저절로 써지는 영어 에세이』에서 소개한 Writing 학습법을 응용하고 적용시켜 브로카 영역의 정보 수집 모니터링 조정기능을 향상시키고 조직화해야 한다. 브로카 및 베르니케의 기능을 향상시키는 학습법을 터득한다면 Speaking뿐 아니라 Writing 능력까지 획기적으로 향상시킬 수 있다.

베르니케 학습법의 포인트는 기존 문장에 대한 이해도이며 또한 내가 말한 내용에 대한 뇌새김 혹은 요약능력일 것이다. 즉, 내가 무엇을 말했는지를 그때그때 다 기억할 수는 없지만 내가 말한 내용 중에서 앞으로 말할 내용에 대한 관

---

2 Redefining the role of Broca's area in speech, 2015년, PNAS
   Adeen Flinker, Anna Korzeniewska, Avgusta Y. Shestyuk, Piotr J. Franaszczuk, Nina F. Dronkers, Robert T. Knight, and Nathan E. Crone

련성을 찾아내어 내가 계속 말해야 할 문장이나 단락들이 그 전에 내가 말한 내용과 일맥상통하도록 끊임없이 제어하고 컨트롤하는 능력이다.

베르니케 학습법의 중요한 역할은 외적인 상황이나 요소를 컨트롤하는 데 있다. 때문에 청자의 욕구를 정확히 판단하고 지금 원하는 가장 필요한 욕구 해소 방법을 현실적으로 판단하도록 스피킹의 책략을 짜는 것이 무엇보다 중요하다. 여기서 중요한 점은 대화에서 나타나는 현실적인 해결책이나 평가는 내가 무슨 말을 어떻게 할 것인지에 대한 기대와 필요성을 설득시키기 위한 수단으로 활용되어야 한다는 사실이다. 현실적이고 냉정한 평가는 자칫 청자의 심리적 좌절과 대화에 대한 심리적 부담감을 가중시켜 대화를 지속하지 못하게 되는 경우도 발생할 수 있기 때문에 각별한 주의가 필요하다.

베르니케 학습법으로 문장들 사이의 연관성과 통일성을 재고하기 위해서는 머릿속에서 항상 기존에 내가 얘기한 내용을 뇌로 되새김하는 것이 중요하다. 때문에 있으면 불필요한 부사나 미사여구는 될 수 있는 한 제거하는 연습과 함께 키워드만 뽑아내어 연상법을 통해 다음 스토리를 이어 나가도록 연습해야 한다. 청자와 효율적인 소통을 하려면 일단 청자로 하여금 많은 생각을 하도록 유도해야 하며 간결하고 많은 의미를 담고 있는 문장을 쓰는 것이 중요하다. 우리가 대화를 할 때 상대방의 말을 많이 들어야 하는 이유도 상대방에게 논제를 던지고 핵심적인 답을 주는 연습을 해야 그 사람과 더 쉽게 공감하고 가까워질 수 있기 때문이다. 상대방에게 불필요한 지식 자랑이나 화려한 문장을 구사하기보다는 때로는 과감하고 심플하게 내가 하고 싶은 내용을 강력하게 전달하는 것이 포인트이다.

앞에서 필자가 지적한 바가 있지만 단어의 수준이 지나치게 높지만 문장 구조가 심플하거나 수준이 낮으면 최악의 스크립트가 되기 쉽다. 그 글은 자기의 생각을 표현하는 글이 아니라 그냥 아는 단어를 자랑하기 위한 목적 더 이상의 의미가 없다. 또한 지나친 욕심때문에 '문어(文語)적 허영'이 지나쳐 문장 구조는 초등학생 수준인데 현학적인 전문용어나 관념어들을 남발하면 내용이 지나치게 관념적이고 애매한 추상어들로 단순반복 될 수 있다. 경험하지 못한 일을 억지로 포장하거나 끼워 맞춰 상대방에게 억지 설득을 이끌어내려고 하는 것은 마치 몸에 맞지 않는 옷을 상대방에게 입으라고 강요하는 이치와 같다. 가장 중요한 것은 바로 소통이며 눈높이를 맞추는 것이다. 상대방이 입학사정관이라면 상대방이 좋아하고 원하는 스크립트를 써야 한다. 다만 내가 좋아하는 표현과 익숙한 어휘 그리고 자신감 넘치는 동사로 내용을 풍성하게 해야 한다. 명심할 것은 청자에 따라서 내 글의 겉모습을 맞추는 것은 어느 정도 필요하지만 내가 갖고 있는 Originality를 잃어서는 안 된다는 것이다. 내가 갖고 있는 나의 모습을 그냥 그대로 보여주자.

구태의연한 표현이나 상투적인 본인의지 어필들은 청자를 지루하게 만들 우려가 있다. 재미없는 말을 끝까지 들어주기를 바라지 말라. 재미있는 말을 하는 것이 목적이라는 뜻이 아니다. 본인의 경험에 묻어나오는 진정성이 느껴지는 스크립트, 그리고 발효를 통해 완성도 높고 신선한 그리고 독창적인 경험을 강조하는 노력하는 것이 중요하다는 말이다. 베르니케 학습법의 목적 중 하나는 브로카 학습법으로 만들어진 문장과 그다음 문장을 이어 나갈 때 조금 더 통일성과 연관성을 유지하는 것이다. 또한 대화의 지속성을 이끌기 위한 키워드, 문장, 표현의 선택을 자유롭게 하는 데 있다.

'지피지기면 백전백승이다'라는 말처럼 영어로 말할 때도 청자의 특징이나 종류에 따라 어떤 특징을 갖고 있는지 어떤 것을 원하는지 정확히 그리고 냉정하게 파악하는 것이 중요하다. 이러한 판단하에 본인이 갖고 있는 능력과 경험을 어떤 식으로 표현해야 상대방이 원하는 자기의 '발전 가능성'을 명확하고 논리적으로 전달할 수 있는지 생각해야 한다.

11 뇌로 말하는 혁명적인 영어 스피킹 비법 공개
브로카 학습법 vs 베르니케 학습법: 영어 실어증 치료법

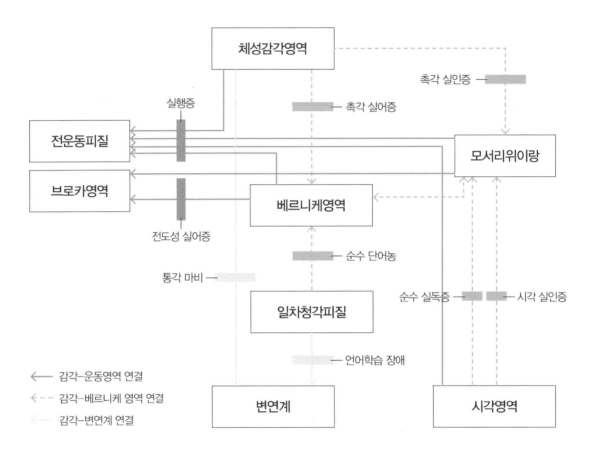

체성감각영역

촉각 실인증

실행증 ·········· 촉각 실어증

전운동피질

모서리위이랑

브로카영역

베르니케영역

전도성 실어증

순수 단어농

통각 마비

순수 실독증 ···· 시각 실인증

일차청각피질

←── 감각-운동영역 연결
←--- 감각-베르니케 영역 연결
←── 감각-변연계 연결

언어학습 장애

변연계

시각영역

〈게슈빈트의 분리 증후군〉

게슈빈트의 분리 증후군 순서도(Flow chart)를 보면 한국사람들의 '잠재적 영어 실어증'에는 상당히 많은 신체적 그리고 환경적 요인들이 영향을 미치는 것을 알 수 있다. 그중에서 가장 큰 요인을 차지하고 있는 것은 문장 공포증이다. 한국어와 어순이 반대인 영어를 터득하려면 바로 이 문장 순서에 대한 공포증을 없애야 하고 그 공포증을 없애는 과정에서 가장 필요한 것은 단어를 자유롭게 연상하고 단어와 단어를 완벽하게 이어야 한다는 압박감을 없애는 것이다. 단어의 단순 조합으로도 말하기 능력은 놀랍도록 발전할 수 있으며 단어를 단순히 이어서 말하는 문장이 문법적으로 틀려도 상관없다는 생각을 가져야 한다. 말하기의 기본 목적은 의사소통이다. 상대방이 내 말을 잘 이해하지 못하는 이유는 문법이 맞지 않기 때문이 아니라 영어 실어증으로 인한 의사소통의 기본적인 장애 혹은 그 두려움이 초래한 공포증 때문이다. 예를 들면 브로카 실어증의 경우 영어 울렁증을 겪고 있는 한국인들과 상당히 밀접한 관련이 있어 보인다.

브로카 실어증은 표현 실어증이라고 지칭된다. 대뇌 좌반구 브로카 영역의 손상으로 인하여 일어나는 언어 표현의 이상이 브로카 실어증이다. 이 증상의 환자들은 의미가 통하는 말을 하기는 하는데 그 말이 단편적이다. 산출하는 말도 서서히, 힘들게 하며, 한 번에 한 단어 이상을 표현할 수 없다. 분절이 잘 안 되고, 문법적 형태소들을 생략하며(명사의 복수 어미 생략) 명사나 동사 같은 내용어는 나타내나 형용사나 관사 같은 기능어는 표현하지 못한다. 발음이 어려우므로 느리게 말하고 관련 발음을 혼동하며, 가장 중요한 단어만 표현한다. 예를 들어서, '과자를 훔치는 그림'을 보고서도 다음과 같이 상황을 잘 설명하지 못한다. "Cookie jar - fall over - chair - water - empty - ov - ov - ……" 또한 말하기나 쓰기 모두에서 문법적인 관계를 표현하는 능력이 상실된다. 예를 들어 어떤 실어증 환자는 다음과 같은 반응을 보였다.

- 질문: "What happened to make you lose your speech?"
- 답 : "Head, fall, Jesus Christ, me no good, str…str… Oh Jesus… stroke."
- 질문: "I see. Could you tell me what you've been doing in the hospital?"
- 답 : "Yes, sure. Me go, er uh, P.T. nine o'cot, speech… two times… read…
  wr… ripe, er, write… practice… getting better."

브로카 실어증 환자들의 언어 청취 능력은 언어 발설보다는 병의 영향을 덜 받지만 역시 문제점을 갖고 있다. '소년이 사과를 먹었다'는 문장과 같이 명사와 동사만 이해하면 무엇이 일어났는지를 짐작할 수 있는 경우의 문장은 제대로 이해를 하는데, '소년이 보고 있는 소녀는 키가 크다'라는 문장은 누가 누구를 보고 있는지를 이해하지 못한다. 소년이든 소녀든 상관없이 의미적으로 주어와 목적어의 역할을 둘 다 할 수 있는 경우라면 주어와 목적어 구분을 잘 못하는 것이다. 물론 증상의 경중에 따라서 나타나는 증상들이 가변적이다. 이러한 실어증 증상이 발성기관의 문제가 아니고 언어중추의 문제라는 것은 이러한 장애를 보임에도 불구하고, 아는 노래는 가사를 정확하게 노래할 줄 안다는 현상 등에서 드러난다.[3] 이러한 현상은 한국어와 영어 사이의 가장 큰 차이 점인 문장 구조의 차이에서 기인한다. 이 문장 구조의 차이가 문장을 만드는 데 있어서 상당한 어려움을 겪는 동시에 단어와 단어를 이어주는 역할을 하는 연결어들의 배치에 어려움을 겪게 한다. 이러한 영어 실어증을 치료하기 위해서는 말하기에 필요한 과정을 분석하고 영어 단어를 연상하는 방법부터 익혀야 한다. 또한 문장을 체계화하는 과정을 Writing 학습법처럼 머릿속으로 새기고 연습하며 체계적으로 연습해야 한다. 여기서 가장 중요한 점은 뇌 속에 문장을 디자인하는 방법을 알아야 한다는 것이다. 상황별로 틀에 박힌 말하기 문장을 연습하고 외우거나 익히는 것은 마치 언어를 암기 과목화시키는 어리석은 행위를 하는 것과 다르지 않다.

브로카 학습법과 베르니케 학습법의 가장 큰 차이점은 다음과 같다. 브로카 학습법은 language production 혹은 how to say, 즉 how to write in you brain에 초점을 맞춘 학습법으로 뇌에 내가 생각하고 연상한 단어를 문법적으로 체계화

3 　조명한, 〈언어심리학〉, 2003

하고 조직화하는 과정을 중점적으로 학습하는 방식이다. 이 방식을 터득하기 위해 필자가 집필한 『저절로 써지는 영어 에세이』에서 소개한 5box 단어 연상법을 응용할 수 있다. 5box 단어 연상법은 단어를 연상하고 조합하고 체계화하는 과정을 연습하는 학습법이다. 여기서 연상된 단어는 차후에 비슷한 상황이 있을 때 다시 꺼낼 수 있도록 브로카 안에 입력될 것이고 이는 체계적인 문장 구성 과정을 통해 반복적으로 학습되고 새겨질 것이다. 이런 연관 단어 연상법을 통해 만들어진 간단한 문장으로도 대부분의 의사표현이 가능하다. 이 방법을 꾸준히 연습하다 보면 나만의 창의적인 문장들을 생산하고 응용할 수 있게 될 것이다.

이러한 과정을 통해 만들어진 문장을 좀 더 세련되고 체계화된 긴 문장으로 응용하는 과정을 학습하는 것이 바로 베르니케 학습법이다. 베르니케 학습법은 5box 단어 연상법으로 만들어진 간단한 문장들을 필자가 다른 저서에서 소개한 'Grouping' 방법을 통해 다듬고 뇌에 새기며 미리 학습된 플랫폼인 구문에 대입하는 것으로 Silent speech 구간에서 시간을 최대한 단축하여 술술 문장을 말하고 바로바로 대입하게 하도록 한 방식이다.

일단 브로카 학습법을 터득한 후 필자가 다년 간의 연구 끝에 정리한 스피킹 구문인 '플랫폼'을 익히면 베르니케 학습법도 쉽게 터득할 수 있게 된다. 베르니케 학습법과 브로카 학습법을 반복하여 연습하고 머릿속에 저장한다면 스피킹에 대한 고민은 완벽히 해결할 수 있다. 영어로 뭐든 표현하고 말할 수 있는 놀라운 능력을 갖추게 되는 것이다.

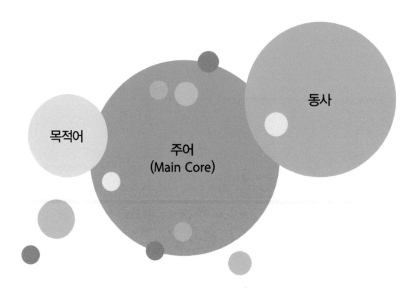

〈마스터 플랫폼과 Core Cluster(핵심 키워드 집합체)〉

앞에서 조금 다루었지만 브로카 학습법은 기본적으로 서로 순환하는 키워드를 연상하여 이를 연결시키는 것으로 여기에 각 단어들마다 역할을 부여하는 작업이 필요하다. 이를 위해서는 Template이라는 틀을 미리 잡고 가는 것이 가장 필수이며 Template을 먼저 몇 가지 뽑아놓는 것이 중요하다.

There is no point in trying to convince him in a sense that he is considered as a very conservative person.

위 문장을 살펴보자. 여기서는 두 가지 구문이 복합되어 삽입되었는데 이 문장을 구성하기 위한 핵심 단어는 동사 try와 convince 그리고 형용사 conservative 정도가 될 수 있다고 가정하자. 그리고 이 핵심 키워드를 이용해 다른 문장을 만들어 보자. 예로써 'It is a generally accepted fact that he is very hard to make convinced as he is recognized as a very conservative person'라는 문장을 만들었다. 이 문장 역시 동사와 형용사가 핵심 역할을 하고 있다. 따라서 다음 문장을 만들 때에도 이러한 동사나 형용사를 데려가면 좋을 것이다. 이렇듯 키워드를 연상할 때는 어떤 Template을 사용하는지에 따라 명사 키워드를 연상해야 하는지 아니면 동사나 형용사를 염두해야 하는지가 달라진다. 키워드가 꼭 명사이며 하나로 이루어진 단어일 필요는 없다는 말이다. 다만 Template을 염두하고 Template 안에 들어갈 단어가 어떤 단어인지 먼저 생각하는 것이 중요하다.

기본적으로 Template이 머릿속에 확실하게 박혀 있지 않으면 키워드들이 문장과는 다른 방향으로 만들어질 수 있다. 문장을 만들다보면 통일성이 깨지거나 문장의 뜻이 연관성을 벗어나게 될 수 있으니 문장 안에서 그 단어들이 어떤 역할을 하고 전체 스토리상에서 어떤 의미를 갖는지 파악하여 어떤 키워드를 발췌하여 사용할 것이며 이런 키워드들이 계속해서 주된 논의 대상이 될 수 있는지 등을 거시적으로 분석하는 것이 중요하다. 즉, 스토리라인이 잡힌 상태에서 내가 필요한 문장 Template을 고르고 그 문장 안에 Core Cluster(주된 역할을 하는 핵심 단어들의 집합체)를 대입하여 그 구성원으로서 역할을 하도록 하는 것이 Speaking에서는 무엇보다 중요하다. 따라서 Speaking은 습관을 들이는 것이 중요하다. 단어에 집착하기보다는 전체적인 구문에 그냥 내 머릿속에 있는 단어들을 대입해서 이 단어들이 어떻게 쓰일 수 있는지 상상해보고 바로바로 순발력 있게 튀어나와야 하는 것이다. 이러한 순발력은 Template에 대한 다양한 사용과 응용 그리고 연습을 통해 길러질 수 있으며 전체적인 스토리라인을 머릿속으로 그려보는 연습 또한 매우 중요하다.

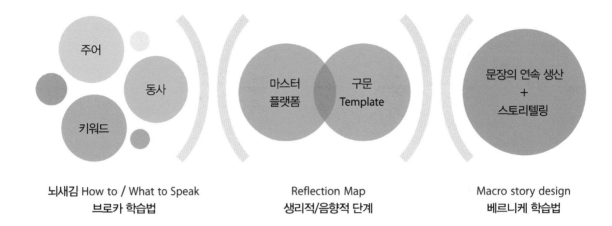

뇌새김 How to / What to Speak
브로카 학습법

Reflection Map
생리적/음향적 단계

Macro story design
베르니케 학습법

위 다이어그램에 나타나 있듯이 코어 키워드들은 'Reflection Map'이라는 뇌의 영역에서 되새김의 프로세스를 거쳐 다음 문장을 이루는 구성원으로 변환된다. 이 문장들은 마스터 플랫폼을 이루는 것이기 때문에 다음 문장에서 만약 말이 막히면 바로 다른 Template을 가져와 키워드를 넣음으로써 지속적으로 말을 이어 나갈 수 있는 시간, 즉 '체공 시간을 확보하는 것'이 중요하다.

말을 유창하게 하기 위해서는 여러 가지 생각들을 단순화하는 것이 중요하다. 위에 언급한 과정이 복잡한 구조라고 생각될지 모르겠지만 쉽게 설명하면 주어라는 핵심 뿌리 위에 뼈대를 만드는 과정일 뿐이다. 그 위에 점토를 붙여서 하나의 조형물이 만들어지며 뼈대 역할들을 하는 키워드들은 그 조형물들과 연결되어 나뭇가지가 뻗어 나가듯 계속해서 연결되고 확장되는 것이다. 이 과정에서 가지를 잘 제작하는 것이 브로카 학습법 그리고 그 각각의 가지들을 매끄럽게 연결시키고 그 가지에 활력을 불어넣는 것을 학습하는 것이 베르니케 학습법이며 이 학습법을 통해 마스터 플랫폼들을 이어가고 그 마스터 플랫폼이 모인 집합체를 전체적으로 통일성 있게 어느 한쪽에 편중되지 않게 잘 자라도록 만드는 것이 바로 스토리텔링이다.

이러한 스토리라인, 즉 하나의 큰 이야기를 잘 연결된 하나의 유기체로 만드는 것을 연습하는 것이 영어 스피킹 학습의 궁극적인 목표라고 할 수 있다. 반면에 브로카 학습법을 위해서는 다양한 구문과 단어를 먼저 공부하는 것이 중요하기 때문에 문장 안에서 그 가지가 튼튼하게 자라도록 어떤 장치들을 미리 공부해야 하는지 고민해보아야 한다. 여기서 파생된 가지에 주춧돌 역할을 하도록 문장을 다듬고 수정하고 정리하는 과정을 학습하는 것이 브로카 학습법이다. 이러한 영어의 어순을 통해 스피킹을 하기 위한 큰 그림을 이해하고 각 문장이나 문단 그리고 하나의 큰 스토리를 구축하는 과정을 체계적으로 공부한다면 머릿속에 어떤 문장을 떠올리고 말하며 이어 나갈 수 있는지에 대한 체계적인 시스템이 잡힐 수 있을 것이다.

12 단어 연상법으로 내가 생각한 영어를 뇌에 쓴다
: 브로카 학습법

브로카 학습법의 기본원리 셀프 스터디

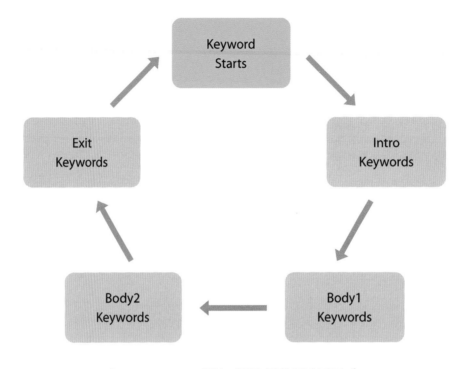

〈5 box keyword 연상 기법을 통한 문장 만들기〉

이 문장 디자인 기법은 일정한 주제에 대한 나의 생각을 머릿속에 키워드로 정리해서 Brainstorming 하는 것부터 시작된다. 선정된 키워드는 연상 시법을 통해 동사, 형용사, 부사 순으로 살을 붙여 나가며 구문과 연결되어 하나의 완성된 문장으로 만들어진다. 그 문장과 또 다른 문장은 접속사로 연결되어 세련된 단락이 되고, 최종적으로는 '발효'와 '수정'을 통해 머릿속에 '토착화'된다. 이 모든 과정이 브로카 학습에 포함된다. 앞에 설명한 것과 같이 브로카 학습법에서의 키워드 연상은 베르니케 학습법에서의 심층적인 키워드 연상, 즉 Escalation 연상법과는 조금 다른 특징을 갖고 있으며 이는 Template을 기반으로 하여 문장을 만들도록 하는 문장의 제작에 그 포커스를 두고 키워드를 만드는 데서 기인한다. 때문에 키워드 사이에 서로 연관성이 있는 것이 중요하며 여기에 마지막 키워드가 처음 키워드로 회귀(Regression)한다는 생각을 염두한 채 키워드를 선정하는 것이 중요하다. 즉, 키워드는 서로 선순환 구조의 특징을 띠고 있는 것이 중요하니 평소에도 다양한 주제로 다양한 키워드를 만들어 서로 연결시켜 보는 연습을 해야 한다. 키워드를 하나 말하면서 관련 키워드를 입으로 소리 내어 말하고 말하는 동안 Template에 어떻게 대입시킬 것인가에 대한 생각을 지속적으로 염두하는 것이 중요하다. 브로카 학습법의 핵심은 마스터 플랫폼의 제작이고 플랫폼을 보다 창의적이고 유니크하게 만들려면 키워드의 선정이 무엇보다 중요하다. 단, 키워드는 중간에 수정되고 다듬어질 수 있기 때문에 일단 Template에 맞는 키워드를 선정하여 문장을 만들어보는 연습을 해야 한다.

1단계: 마스터 문장(플랫폼)을 디자인하기

1단계는 뇌새김 스피킹에 필요한 문장을 완성하는 단계이다. 일단 Intro에 적합한 문장을 만들기 위해 키워드를 삽입한다. 이해를 쉽게 하기 위해 앞에서 예를 들었던 환경문제에 대한 주제로 시작해보겠다. 5개의 키워드 중 첫번째는 전체적인 주제를 담는 마스터 키워드가 된다. 이에 연상되는 단어들은 Body와 Conclusion을 전개해 나가는 데 필요한 단어들로 연상해보자. 일단 공기오염이라는 주제를 위해 시작 키워드를 Air pollution으로 넣고 그다음 생각나는 대로 형용사, 동사, 명사, 부사 상관없이 5개의 키워드를 머릿속으로 생각한다. 이렇게 떠올린 키워드를 통해 일단 Intro의 문장을 완성해보자. 문장 완성을 위해서는 엄선된 필수구문을 이용해서 살을 붙여보자. 여기서 참고할 사항은 처음에 시작하는 키워드가 코어 키워드(Core Keyword)가 된다는 점이다. 이 코어 키워드는 다음 문장을 이어 나갈 때에도 핵심적인 역할을 하며 연상된 단어들의 뿌

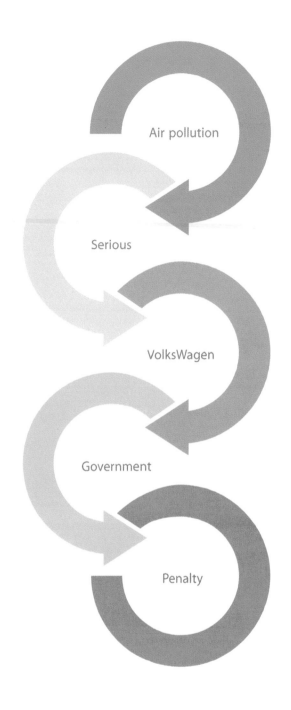

리와 같은 역할을 하기 때문에 항상 염두하고 다음 문장을 만들 준비를 하는 것이 중요하다. 하지만 이 코어 키워드가 꼭 첫번째 문장의 주어가 될 필요는 없다. 첫 문장은 주의를 환기시키고 상대방의 질문이나 호기심을 자극하는 스크립트가 되야 더 많은 대화를 이끌어 나갈 수 있다. 때문에 키워드들을 조합하거나 첨가 혹은 제외하고 문장 구문에 대입하여 청자에게 호기심을 주는 문장 혹은 대화를 시작하는 동기 부여를 주는 문장을 만들도록 노력해보자. 또한 대화를 시작하면 위에 키워드들을 이용하여 선택적으로 연상해서 스피킹에 필요한 문장을 머릿속으로 상상해보자.

예시 What surprised me was that the Volkswagen scandal was criticized by the government as it triggered serious penalty due to the air pollution issues.

다양한 문장 만들어 보기(문장 작성 후 소리 내어 연습해본다)

1.

2.

3.

4.

5.

2단계: 단계별 키워드로 핵심 문장 완성하기

위 문장은 완벽해 보이지는 않지만 무슨 말을 하려 하고 어떤 식으로 문장을 이어 나갈지에 대한 아이디어를 주고 있다. 이번에는 뒤 페이지에 나오는 그림처럼 순환하는 5개의 박스에 키워드를 채워보자. 마스터 문장을 만들었으니 다음에 어떤 키워드들이 와야 적합할지 Body와 Conclusion에 들어갈 만한 키워드를 구성해보자. 키워드에 정답은 없다. 하지만 키워드를 정할 때는 머릿속으로 어떤 스토리를 펼쳐 갈지 대략적으로 상상해보는 것이 좋다.

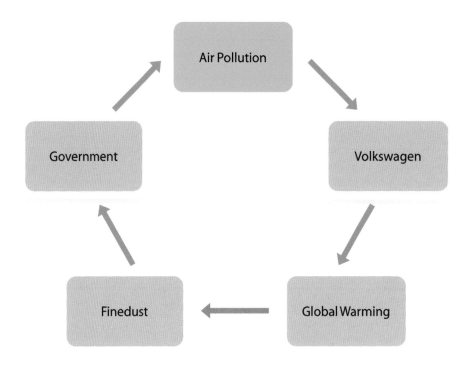

　일단 여기서 주목할 점은 5개의 키워드를 머릿속으로 디자인하고 나면 각 박스 옆에 내가 만들 문장에 대한 5개의 키워드를 다시 입력해서 5개의 문장을 만들어야 한다는 것이다.

　Air pollution이라는 마스터 키워드에 폭스바겐이라는 예를 들어 심각성을 환기시키고 그로 인해 나타나는 문제점들을 하나씩 기술하여 최종적으로는 어떤 식으로 이 문제를 해결해야 할지 답을 찾는 것이 이 문장의 흐름이다.

　5개의 키워드를 미리 적어놓고 그 옆에 문장을 만들기 위한 동사들을 몇 가지 추려 베르니케 구문들과 매칭시켜 보면 나도 모르게 4개의 핵심 문장이 머릿속에 생성되게 된다. 이 문장들을 머릿속으로 자꾸 반복해서 Silent Speech를 해보고 다양한 구문에 대입해서 비슷한 문장을 만드는 연습을 해보자. 입으로 소리 내서 말하고 읽고 외우는 연습을 하는 것이 중요하다.

1. What surprise me was that the Volkswagen was illegally manipulating the discharging gas system in the best-selling cars.

2. Global warming is inextricably linked to the air pollution issues where the weather is considered as abnormal in most of the big cities.

3. Fine dust is triggering the high rate of outbreak of lung cancer.

4. It goes without saying that the government should prepare the strict regu-lation on the air pollution issues.

3단계: 단락 완성하기

4개의 핵심 문장이 만들어졌다면 이제부터는 내가 익힌 '스피킹 플랫폼' 구문들을 이용해서 추가 키워드와 동사를 연결시키고 부연 설명 문장들을 만들어보자.

- Global warming is one of the most controversial issue as it is causing the serious changes in the weather.
- Lung cancer and other respiratory diseases are dramatically increasing these days.
- Car makers should make transparent process in manufacturing the gas discharging system in the car.
- In Korea, the parameters of measuring fine dust is considered as inappro-priate compared to other developed countries.

위 문장을 핵심 문장들과 접속사로 이어주면 자연스럽게 하나의 단락이 완성되어 전체적인 speaking design의 틀이 뇌 속에 잡히게 된다. 여기서 중요한 점은 각 상황에 맞는 '스피킹 플랫폼', 즉 말하기 주제에 잘 어울리는 구문을 사용하여야 한다는 것이다. 자칫 중요한 포인트를 놓치고 대입하는 것에 집중하다 보면 각 내용에 맞지 않는 '스피킹 플랫폼'을 대입하게 되어 문장 혹은 단락이 전체 흐름과 벗어나는 결과를 초래하게 된다.

예를 들어 지구 온난화 문제와 미세먼지의 문제는 서로 연관성이 적기 때문에 각각 다르게 머릿속에서 다뤄져야 하며, 공기 오염의 심각성이 미치는 영향을 자연재해(온난화)와 건강에 미치는 영향(미세먼지로 인한 호흡기 질환)으로 나눠서 두 경우 전부 다 정부의 적극적이고 투명한 개입과 제대가 필요하다는 식으로 스피킹 디자인을 해야 한다.

각 케이스와 주제별로 이런 문장들을 연결하는 데 있어서 적재적소에 적당한 스피킹 마스터 플랫폼과 단어를 넣어야 한다. 때문에 여러 번 반복 학습을 통해 내가 정리해놓은 마스터 플랫폼에서 가장 자연스러운 구문과 표현들을 미리 익혀서 활용하여야 한다. 이러한 스피킹 학습법을 체계적으로 연구한 것이 베르니케 학습법이다. 위 과정을 자연스럽게 하기 위한 비법은 베르니케 학습법 파트에서 다루기로 한다.

단어를 통해 문장 구조 및 단락의 스토리라인을 디자인하는 것을 '연상법을 기초로 한 스피킹 디자인의 기술'이라고 한다면 '스피킹에 필요한 단어를 구문과 함께 연결시켜 머릿속에 문장을 완성하고 그 글들을 확장하는 과정'을 Grouping이라고 하겠다. 일단 중요한 것은 Grouping과 연상법을 지속적으로 연결시켜 다양한 표현법을 활용하여 문장을 완성하고 이를 확장해 나가는 연습을 하는 것이다. 따라서 일생생활에서도 생활화해야 문장을 디자인할 때 좀 더 수월하게 할 수 있다. 즉 이 방법은 국어와 어순이 다른 영어를 작문하려고 할 때 '영어권 사고방식'을 적용하는 가장 기본적인 공식이라고 할 수 있다.

- Global warming is one of the most controversial issues as it is causing the serious changes in the weather.
- Lung cancer and other respiratory diseases are dramatically increasing these days.
- Car makers should make transparent process in manufacturing the gas discharging system in the car.
- In Korea, the parameters of measuring fine dust are considered as inappropriate compared to other developed countries.

It is a generally accepted fact that + 주어 + 동사

〈내가 좋아하고 자주 쓰는 구문〉

Any Kind of racist, discriminatory or anti-social behaviour will not be tolerated by the club

〈쉐도잉을 통해 내가 외부에서 가져온 구문〉

It is largely due to the fact that + 주어 + 동사

〈내가 좋아하고 자주 쓰는 구문〉

Neither do the people who were working for Mr. Lee at the time

〈쉐도잉을 통해 내가 외부에서 가져온 구문〉

나만의 쉐도잉으로 다양한 신문기사나 책 혹은 원어민의 스피치 스크립트로부터 Copy하여 내가 자주 쓰는 구문에 변형하여 대입하는 연습을 해보자. 30분씩 하루에 한 번씩만 연습하고 다듬고 마스터 플랫폼을 만들다보면 어느새 내가 자유자재로 말하고 변형할 수 있는 나만의 문장이 완성되어 마스터 플랫폼들이 쌓여 갈 것이다.

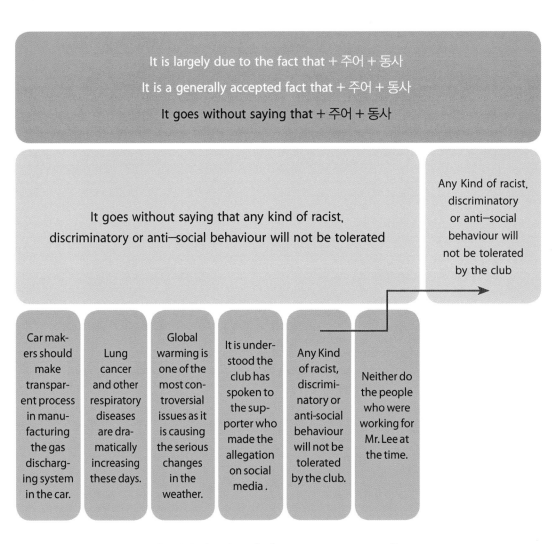

〈스피킹 마스터 플랫폼(Mind Map of Speech)〉

브로카 스피킹 학습법

Template을 통해 How to say에 대한 대비를 철저하게 준비하면 익숙해진 Template을 통해 신체적으로 안정감을 갖고 자신감을 갖게 된다. 따라서 무슨 말을 할지에 대한 생각과 그 생각이 입으로 나가기 바로 전 Silent Speech의 시간은 오히려 줄어들지만 실질적으로 말하는 데 있어서 중요한 의미전달을 하는 주어와 동사 부분을 구성할 시간, 즉 체공 시간을 늘릴 수 있다. 이것이 바로 브로카 학습법의 핵심이다.

필자는 Silent Speech가 대부분의 중요한 스피치에서 크게 긍정적인 영향을 미치지 않는다고 생각한다. 즉, Silent Speech에 머무는 양의 정보가 너무 많아지게 되면 실질적으로 의미를 전달할 중요한 단어들의 구성에 혼선이 있을 수 있으며 능숙한 달변가가 아니라면 이 과정에서 끊어 말하는 동안 정보가 왜곡되고 누락되며 심지어는 정보전달이 심각하게 훼손될 수 있다. 쉽게 얘기하면 브로카 학습법의 핵심은 이런 말하기 전 체공 시간을 늘리도록 앞에 불필요한 It을 추가해 전체 문장을 매끄럽게 이어 나갈 테크닉(예를 들어 'It goes without saying that~'이나 'it is important~' 등등)을 주는 것으로, 뒤에 올 중요한 문장들에 보다 정확하고 확실한 Stress를 주는 효과를 낸다. 이것은 전도성 실어증을 미리 예방하여 주는 효과뿐 아니라 말을 풍성하게 하고 체공 시간을 조절할 수 있게 하여 초보 회화 학습자에게 자신감과 익숙함을 주는 정신적 효과까지 있다.

요약해서 얘기하자면 브로카 학습법은 스피킹에 필요한 구문들을 미리 정하고 모든 상황에 맞는 문장이나 구문을 미리 머릿속으로 상상하고 영작하여 Brain Writing을 하는 과정, 즉 뇌새김 과정을 연습하는 학습법이다. 여기서 가장 중요한 것은 적절한 Template을 적절하게 선정하고 익히며 자기 것으로 만드는 것이라 하겠다. 필자가 엄선한 123가지 스피킹 구문들은 브로카 학습법뿐 아니라 베르니케 학습법으로 영어 회화 스터디를 할 때 결정적인 역할을 할 것이다. 각 구문들마다 어떠한 상황에서 어떻게 사용되야 하는지 각 예시 상황별로 자세히 설명했으니 독자들은 이 구문 중에서 본인이 자주 사용하는 스피치 방식이나 기술, 문장들을 고려하여 상황별로 사용하고 5키워드 문장 영작법을 통해 문장을 구성하여 이 구문에 대입하면 된다. 이렇게 하면 머릿속으로 문장의 구조나 어순 혹은 스피치에 불필요한 고민들을 할 시간을 단축하고 말 자체의 체공 시간이 늘어난다. 따라서 여러 가지 표현을 자유롭게 그리고 좀 더 여유 있게 할 수 있게 될 것이다.

베르니케 학습법은 영어에서 '연음'인 '가로적 신축성'을 강화시키는 방법이 될 것이고 브로카 학습법은 스피킹의 체공 시간을 늘려 세로의 폭 또한 컨트롤할 수 있게 도와줄 것이다. 세로의 폭까지 컨트롤할 수 있다면 끊어서 말하더라도 좀 더 의미가 명확히 전달될 수 있고 한국인이 가장 힘들어하는 영어적 정보의 패키지를 구분하고 걸러내는 데 큰 도움을 줄 것이라고 확신한다. 정보의 패키지를 구분한다는 것은 어순과 상관없이 중요한 정보들을 자유자재로 그루핑(Grouping)하여 전달할 수 있는 능력이 생기는 것이다. 때문에 영어 스피킹에서 중요한 큰 단계를 넘어선 것으로 볼 수 있다. 영어 학습에 있어서 정보의 패키지를 컨트롤하는 것은 가장 마지막 단계라고 할 수 있을 정도로 중요하다. 말의 강약 조절이나 신축성 조절 역시 정보의 패키지를 구분하고 컨트롤하는 데서부터 시작한다고 해도 과언이 아니다.

"브로카 학습법을 위해서 아래 피라미드와 같이 내가 말하고 싶은 문장의 정보들을 골라내고 키워드화시켜서 그룹을 만든다. 그 그룹과 외부에서 갖고온 키워드와 쉐도잉 등을 통해 (상대방의 질문이나 정보를 Copy하여) 가져온 정보나 단어 혹은 문장, 키워드를 결합시켜 무슨 말을 할지 (How to say) 결정하고, 기존의 마스터 플랫폼을 변형시켜서 말할지 혹은 새로 만들어진 Copied Information을 나의 Template에 대입할지 결정한다. 그리고 내가 갖고 있는 정보들을 일단 말하기 시작하고 말하면서 순차적으로 어떤 말들을 더할지 뺄지 결정함으로써 문장을 다듬는다."

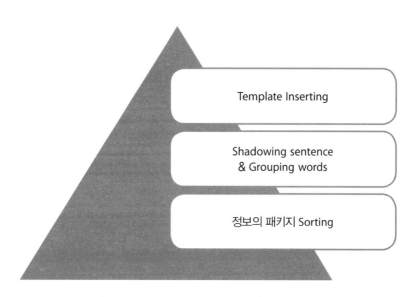

⟨BROCA SPEAKING PYRAMID⟩

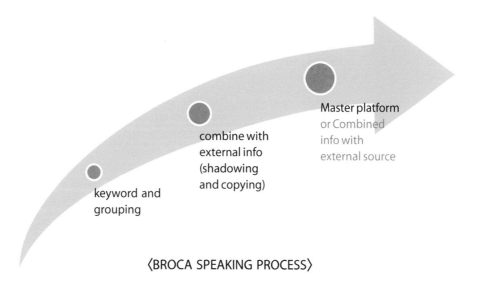

⟨BROCA SPEAKING PROCESS⟩

사고(思考)의 Grouping 과정에서 80% 이상의 동양인이 소와 풀을 묶는 이유는 동물이라는 상위 개념 아래 있는 소와 닭, 돼지 등의 비슷한 동물군을 무조건 외워서 비슷한 특징을 가진 대상이라고 무의식적으로 단정하기 때문이다. 80% 이상의 서양인이 소와 닭을 묶는 이유는 수평적 동의어를 단순히 상위 개념에 종속된 개념으로 단정짓지 않고 수평적 유사 대상에 대한 고민과 연상(聯想)적 사고를 지속적으로 연습하였기 때문이다. 상위 개념에 종속된 개념을 묶어버리고 다른 성격을 가진 대상과의 관계만을 집중하게 되면 동의어나 다양한 표현에 대한 제한적 사고를 하게 된다. 한국인들이 쓰는 말하기의 문장들이 비슷한 표현들로 정형화되어 있는 것도 같은 이유로 설명된다.

때문에 비슷한 뜻을 가진 다양한 표현이나 문장 구조, 구문들을 머릿속으로 단어와 함께 연상하고 확장하게 되면 스피킹 뇌새김에 기본적인 기초를 다지는 데 정말 중요한 역할을 한다. 이제부터 소개할 구문이나 표현들에 자기 자신만이 경험하고 관심있는 단어들을 연상해서 문장이나 구문 옆에 자꾸 써보자. 비슷한 문장을 지속적으로 익히다보면 영작의 가장 기본이 되는 기본 실력을 갖추게 될 것이다.

브로카 스피킹 기법으로 마스터 플랫폼을 만들어 연습하는데 있어 이 플랫폼이 회화 공부의 가장 중요한 유닛이 되는 이유는 기록되어 복습이 가능하다는 점 때문이다. 내가 어떤 영어 문장을 쓸 때 내 머릿속에 있는 생각을 나만의 방식으로 표현하게 되면 다른 어떤 방식보다 머릿속에 오래 남을 수 있다. 때문에 마스터 플랫폼을 기본으로 영어를 말하고 응용하고 쓰는 것이 그 무엇보다 중요하다.

학창시절 숙제를 할 때 '깜지'라는 것을 누구나 한번쯤 해본 경험이 있을 것이다. 내가 틀린 문장이나 내용 혹은 단어를 반복해서 쓰다 보면 쓰는 도중에 집중력을 잃게된다. 그러나 기계적으로 쓰게 되더라도 다 쓴 다음에 내가 쓴 결과물을 읽게 되면 그 성취감과 책임감은 학습에 대한 혹은 내가 쓴 내용에 대한 집중력이나 학습 동기 부여를 촉발시킬 수 있다. 브로카 학습법의 장점 중 하나는 마스터 플랫폼을 직접 내가 만들어서 소리 내어 연습하기 때문에 내 손으로 결과물을 뽑아냈다는 성취감을 느낄 수 있다는 것이다. 이것은 효율적인 학습의 동기 부여가 된다. 내가 만들어낸 결과물, 내가 쓴 글씨, 혹은 내가 생각해낸 나만의 글은 언어학적으로 상당한 의미를 갖는다. 그 결과물들을 기반으로 학습을 지속한다면 그 언어를 온전히 내 것으로 만드는 과정에 있어서 상당히 효율적인 방법이 될 것이다.

스스로 스크립트를 만드는 과정에서 영작을 하고 지속적으로 다듬어 발전시키다 보면 나도 모르게 그 문장들이 내 머릿속 깊은 곳에 들어오게 되는 경험을 하게 된다. 이런 과정을 반복하다 보면 스피킹을 하기 위한 요소가 풍성해져서 영어능력이 하루가 다르게 향상되는 것을 경험하게 될 것이다.

내가 쓴 글, 내가 만든 결과물, 내가 직접 해보는 것은 다른 학문에서도 마찬가지지만 특히 언어학에서는 가장 중요한 학습 방식이다. 자발적으로 내가 어떤 과제를 하기 위해 혹은 나만의 목표를 이루기 위해 내가 무엇을 만들어간다는 것 그리고 그 결과물을 눈으로 볼 수 있다는 것이 브로카 스피킹 학습법의 강력한 효과를 뒷받침해주는 요소일 것이다.

앞에서 언급했지만, '입력 학습(Input Learning)'은 우리가 이야기하는 공부나 학습이라고 표현할 수 있다. 내가 학습할 문장이나 구문을 직접 고르고 외우고 활용하여 나만의 창조물을 만드는 것, 즉 나만의 작품을 만드는 것은 아주 효과적인 학습 방법이 될 수 있다. 브로카 학습법에서의 출력 학습은 언어 사용을 위한 훈련(운동)과 관련이 있다. 두 가지 학습이 함께 되어야 효과적인 언어 학습이 될 수 있다. 여기서 중요한 것은 스피킹 스크립트(Speech Script)를 쓰는 과정이 영어 학습을 하는 데 있어서 혹은 언어 습득과정에 있어서 가장 효율적인 방식이 될 수 있다는 것이다.

필자가 10년 동안 고르고 엄선한 뇌에 새기는 플랫폼 구축을 위한 영어구문 123선이 이 책 뒷쪽에 있다. 살펴보고 내가 자주 사용하는 구문으로 A4용지 2~3장 정도의 스크립트를 직접 작성하여 소리 내어 연습해보자. 안에 단어나 동사나 표현들은 스스로 만들어 넣어 자연스러운 스크립트를 완성하고, 주제를 바꾸어 3개 정도 만들어보자.

예를 들어 내가 만약 무역회사에 다니고 있다면 무역에 쓰이는 용어가 들어간 마스터 플랫폼을 만들 수 있다. 해외 바이어에게 할 말들을 정리하여 미리 스크립트로 써보는 것이다. 교육회사에서 일한다면 교육문제를 토픽으로 해서 내 생각이 들어간 스피치 스크립트를 써보는 것도 좋다. 입시생들의 경우 Speaking 시험이나 Writing 시험(TOEFL이나 IELTS)을 단기간에 정복하는 데 도움이 된다. 필자가 엄선한 구문을 이용해 3가지 주제로 나만의 스피킹을 위한 스피치 스크립트(Speech Script)를 써보는 방법은 팁이 될 것이다.

필자만의 팁도 공개하겠다. 외국어 관련 시험을 볼 때 가장 중요한 포인트는 시험에 응시하는 수험생이 영어권 나라가 아닌 나라에 살고 있었다는 점이다. 때문에 주제를 '다문화'로 풀면 어떤 에세이나 스피킹 주제에도 당황하지 않고 말을 풀어나갈 수 있다. 예를 들어 교육문제에 대한 토픽이 스피킹 문제로 나온다면 내가 겪었던 경험이 아니더라도 다문화 교실에서 수업을 받았다는 점을 설명하며 Cultural difference를 나만의 Flexibility나 Cultural intelligence(문화적응력) 등을 통해 극복했다는 방식으로 말을 풀어나가면 된다.

또한 환경문제가 나오게 되어도 미리 준비한 나만의 스피킹 마스터 플랫폼을 활용해서 나라별로 환경에 대한 시각이 다른데 이유는 문화적 차이에서 나오는 견해 차이라고 설명하면 된다. 학창 시절에 다른 문화권 나라 학생과 환경문제로 Debate했다는 내용을 기술하거나 말하는 것도 많은 내용을 다양하게 풀어낼 수 있다.

마지막으로 행복에 대한 주제가 나왔다고 치면 나라별로 행복에 대한 척도가 다르고 행복지수가 다른 이유를 설명하면서 외국인들과 행복에 대해 얘기해보았던 경험이나 한국과 외국의 행복지수의 차이는 어디서 나오는지 등 문화적 다양성에서 행복을 느끼는 다양한 기준 등을 설명하면 된다. 이렇게 얼마든지 많은 얘기들을 풀어낼 수 있다.

아래 예문은 '행복이라는 개념은 사람마다 다르고, 문화마다 행복에 대한 양상이나 그 요소가 매우 다르다'는 스토리를 머릿속에 염두해 두고 쓴 스크립트이다. 위에 언급한 대로 영어 회화의 가장 중요한 목적 중 하나는 원어민과의 소통이고 원어민과 소통을 한다는 것은 문화 혹은 다문화라는 주제를 밑바탕에 깔고 말하는 경우가 많다. 때문에 스크립트를 만들 때 혹은 마스터 플랫폼을 디자인할 때 말문이 막힐 경우를 대비하여 항상 이 문화에 대한 코어 스크립트를 백업으로 준비하는 것이 중요하다. 이러면 대화가 막히거나 공통된 주제를 찾기 힘들 때 매우 유용한 팁이 될 수 있을 것이며 입시 스피킹 테스트나 인터뷰에도 매우 중요하고 유용한 팁이 될 수 있다. 아래 지문에 밑줄 친 부분을 참고로 하여 나만의 마스터 플랫폼 문장을 예시와 같이 몇 개 만들어보자.

People were always in search of happiness since ancient times and still many of us are trying to find it throughout the whole life. But happiness differs not only from person to person but also culture to culture so it can't be explained in one word. That's why it is always difficult to determine its controversial and deep essence.

There are many reasons to think that full happiness is impossible to achieve and moreover it is non-existent in reality. But it is not true and I strongly believe that people underestimate the value of everyday happiness they have living their lives. Standards of being happy in many cultures and countries are quite diverse. For instance, in Asian cultures, the main factors which influence the felicity of its peoples are a big family, care and respect for elders, following the traditions of their ancestors, religion and harmony with nature and others, material things are less important.

As for western civilisation, the situation is quite different and essential factors in happiness attainment are rather material than spiritual. According to many investigations in this sphere, Europeans are very concerned about money, high social status in society, good job and education. They spend all their lives in pursuit of financial success and material boons are very significant for them. The majorities start their families and have children in their early thirties after having done some progress in the career field. As it can be seen the criteria of happiness are rather wide and varied for millions of people, but nevertheless many things are very similar. All of us would like to be happy in many ways in this life: to be healthy and wealthy, have a family and children, be successful in career, have good friends and live a long and interesting life. It seems to me that main factors in gaining happiness are support from your family and friends, harmony with yourself and surrounding world, good health and so on.

To conclude I would like to say that we are happy only by one great reason, that is our birth into this beautiful and wonderful world, full of many opportunities and chances to believe in happiness.

It goes without saying that + 주어 + 동사

It is a generally accepted fact that + 주어 + 동사

That depends on how 형용사(부사) + 주어 + 동사

〈내가 좋아하고 자주 쓰는 구문〉

happiness differs not only from person to person
but also culture to culture so it can't be explained in one word.

Europeans are very concerned about money,
high social status in society, good job and education.

It seems to me that main factors in gaining happiness are support from your family
and friends, harmony with yourself and surrounding world, good health and so on.

〈쉐도잉을 통해 내가 외부에서 가져온 구문〉

- It goes without saying that happiness differs not only from person to person but also culture to culture so it can't be explained in one word.
- It is a generally accepted fact that Europeans are very concerned about money, high social status in society, good job and education.
- Happiness depends on how harmonious with yourself and surrounding world, good health and so on.

〈Culture에 대한 나만의 마스터 플랫폼〉

이와 같이 내가 좋아하는 문장 내가 좋아하는 구문을 하나의 마스터 키(key)로 디자인하여 다양한 주제에 접목시키고 응용하다 보면 단어의 습득능력이나 스피킹 실력 혹은 자신감이 상승하는 효과를 얻을 수 있다. 내가 사용하거나 외운 마스터 플랫폼에 나와 있는 문장이 지문에 있을 경우 Reading에 있어서도 상

당한 도움을 받을 수 있을 것이다. Listening도 마찬가지로 내가 평소에 자주 쓰는 마스터 플랫폼에 있는 단어나 문장이 나오게 되면 귀에 익숙한 문장과 단어들이 점점 잘 들리기 시작할 것이다.

앞에서도 설명한 것처럼 브로카 학습법은 내가 어떤 말을 해야 하는지에 대한 해답을 주는 학습법이라고 할 수 있다. 어떤 단어로 어떤 문장을 어떻게 말할 것이며 그 문장이 내가 입으로 말하기에 적합하고 논리적인지, 내가 하고 싶은 말과 의미를 담고 있는지 고민할수록 실력이 향상되는 학습법인 셈이다. 때문에 브로카는 문장 자체에 대한 혹은 스크립트 자체에 대한 의미전달과 표현방식에 초점을 맞추고 있다고 할 수 있다.

브로카 학습법은 마치 '수학'과 같다. 우리가 어릴 때부터 부모님에게 귀에 못이 박히듯 들었던 '영어, 수학은 기초가 없으면 아무리 열심히 해도 안 돼'라는 말은 괜히 나온 말이 아니다. 수학이나 특히 언어는 어릴 때부터 체계적인 교육과 기초적인 토대 없이는 '모래성'과 같이 금방 무너질 수 있는 성격을 가진 학문이다. 그 이유는 딱 한 가지다. 위에 단계로 올라가기 위해서는 밑에 배운 공식, 개념 그리고 기술이라는 '공든 탑'의 기초공사가 필요한데 그 기초를 다 안다는 전제로 다음 과정을 쌓아 올리도록 진행하기 때문이다. 한마디로 수학이나 영어는 처음부터 요행을 바라거나 단기간에 마스터할 수 있는 성격의 것이 되지 못한다. 때문에 기초가 튼튼한 사람이 결국 이기는 그림이 나오는 것이다.

브로카 학습법도 마찬가지로 단어, 숙어 혹은 구문을 얼마나 많이 익히고 내 것으로 만드는가에 대한 부분이 학습에서 많은 부분을 차지할 것이다. 어릴 때부터 기초적인 공사를 튼튼히 한 영어권 나라의 학생들에 비해 우리나라의 학생들은 절대적인 그리고 어떻게 보면 태생적인 한계를 가질 수밖에 없다. 영어 회화 교육의 패러다임(Paradigm)이 점차 말을 화려하고 유창하게 하는 학습 방법을 찾는 것에서 어떤 말을 하고 얼마나 오래 그 문장을 기억해서 말할 수 있는지로 비중이 옮겨가고 있다. 그 이유는 영어작문 자체가 회화에서의 영어실력을 종합적으로 판단하는데, 영어실력 기초공사의 부실함도 잡아낼 수 있을 뿐더러 학생의 사고 깊이, 창의성, 독창성, 언어구사 능력 등을 가장 객관적이고 효율적으로 평가할 수 있는 '종합 도구'이기 때문이다.

브로카 스피킹 학습법 실전 훈련 Check Point

1. 다양한 구문을 쓰기보다 내가 좋아하고 익숙한 구문을 위주로 많이 연습하는 것이 중요하다. (이 책 후반부에 있는 구문을 무조건 외우고 그중 마음에 드는 구문을 이용해서 마스터 플랫폼을 만든다. 스피킹 훈련 시에 이를 응용해서 대입하고 다용도로 활용하면 어느새 나의 스피킹 매뉴얼이 된다.)

2. 내가 좋아하는 문장을 통째로 외우자. - 나만의 구문에 여러 가지 단어를 바꿔 끼우면 글 속에서 자신감과 일관성이 느껴질 것이다.

3. 키워드의 선택을 신중하게 하자. - 식상한 키워드를 고르면 전체적인 스크립트나 플랫폼이 올드해 보이거나 식상해 보일 수 있고 전체적인 내용이 내가 의도한 방향과는 다르게 흘러갈 수 있다.

4. 한 가지 스토리를 집중적으로 어필하는 문장을 만들고 그 스크립트와 관련된 이야기들을 풀어 나가자. - 여러 가지 스토리를 장황하게 설명하다 보면 임팩트 약한 문장이 될 가능성이 있고 설득력도 떨어질 수 있다.

5. 조금 더 임팩트가 강하고 자신감 넘치는 동사와 부사를 사용하여 나만의 플랫폼을 만들어보자. - 나의 경험과 관계된 문장을 만들면 휘발성을 최소화하여 머릿속에 오랫동안 남아있을 수 있다. 청자로 하여금 자신감 넘치는 모습을 느낄 수 있도록 하자.

6. 내가 기록해 놓고 활용하는 마스터 플랫폼에 있는 문장을 그대로 쓰되 안전한 내용을 만들기에만 집중하지 않도록 해야 한다. 때로는 강력하고 신선한 어투와 단어를 사용해보자. - 청자들의 주의 환기에 효과 만점이다.

7. '단어 → 구문 → 문장 → 단락'의 순으로 살을 붙여 나가는 과정을 반복하여 내가 원하는 의미를 전달하도록 조금씩 다듬어서 '발효'시켜보자.

8. 수정이 필요할 경우 문장 전체를 바꾸기보다 '동사→형용사→부사→접속사' 순으로 수정하면 뜻을 전달하는데 큰 문제가 없는 자연스러운 스크립트가 탄생할 것이다.

13 뇌에서 쓴 영어 단어만 입으로 말하고 '이음새'를 메꾼다
: 베르니케 학습법

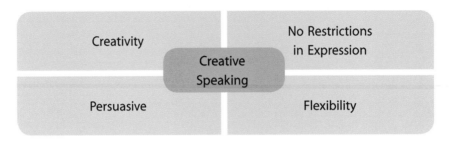

〈베르니케 뇌 영역의 개발과 Creative Speaking 요소〉

베르니케 학습법을 한마디로 요약하면 서로 연계성 있는 문장으로 스토리텔링을 해 다양하고 풍성한 영어를 말하는 Macro Verbal Management(말로 하는 언어의 거시적 관리법)이라고 할 수 있다. 즉, 전체 스토리에 있어서 앞으로 내가 하려는 말과 역할에 대해 고민하여, 단어와 문장 그리고 구문을 선택하는 작업 능력뿐 아니라 이전까지의 모든 문장이나 단락의 내용을 요약하고 그 핵심만 발췌하는 것과 관련이 있다. 이 발췌된 정보의 활용 방법을 고민하여 연속적으로 다음 문장을 생성하며 이야기(Storyline)를 발전시켜 나가는 능력을 키우는 학습법인 셈이다. 때문에 이 학습법은 언어학, 특히 구강(Verbal)을 기반으로한 언어에 있어서 '모방을 통한 덧붙임' 방식을 사용한다. 문장을 하나하나 벽돌을 올리듯 쌓아 나가면서 전체적인 디자인을 만들 때 벽돌로 쌓아 올린 구조물이 무너지지 않도록 접합면을 다듬고 튼튼하게 연결시키는 접착제 같은 작업을 연습하는 것과 같다. 위 다이어그램에서 볼 수 있듯 베르니케 영역이 발달하면 조금 더 창의적인 스토리텔링을 할 수 있어 지속적으로 많은 이야기를 아무런 장애물 없이 술술 얘기하게 된다. 이 이야기는 하나의 큰 물줄기처럼 연관적이고 통일성 있는 스토리가 되기 때문에 청자를 설득하는 능력을 개발하는 효과도 있다. 이러한 학습법을 통해서 연습하게 되면 스토리텔링 능력의 재고를 통해 조금 더 유연한 대화 전개를 할 수 있다. 또한 내가 스스로 대화의 방향성이나 신축성을 조절할 수 있게 된다.

베르니케 학습법은 조금 더 거시적(Macro) 관점에서 화자의 Story와 전체 대화의 구성을 집중적으로 훈련한다. 때문에 '가로적 신축성', 즉 연음을 컨트롤하는 능력 뿐만 아니라 전체적인 스토리를 관리하는 세로적 신축성을 조절하는 능력도 키울 수 있다. 이것은 내가 청자를 어떤 방향으로 이끌고 나갈 것인가에 대한 큰 그림을 그리는 능력과 밀접한 관련이 있다. 즉, 말의 큰 방향성을 설정하는 중요한 기술 중에 하나라고 할 수 있는 베르니케 영역은 Silent Speech를 통해 기존 문장이나 전 문장 혹은 질문자의 문장을 기억하고 중요 부분을 발췌하여 내가 하는 말에 접목시키고 적용시키는 능력이다. 이는 꾸준한 노력과 다양한 연습(많이 듣고 많이 쓰고 많은 관심을 갖는 것)이 필요한 과정이며 이를 통해 원어민과 같은 가로적 신축성을 갖는 언어를 구사할 수 있게 된다.

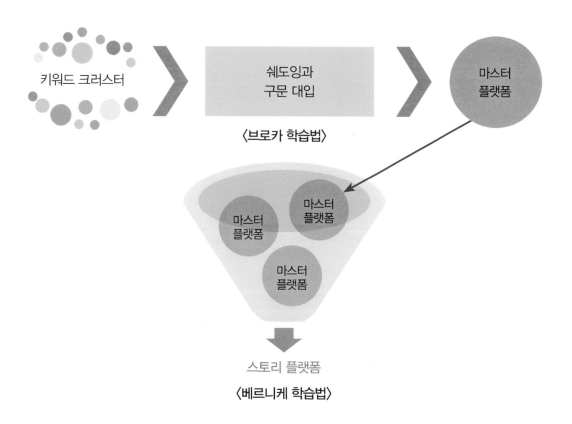

〈브로카 학습법〉

〈베르니케 학습법〉

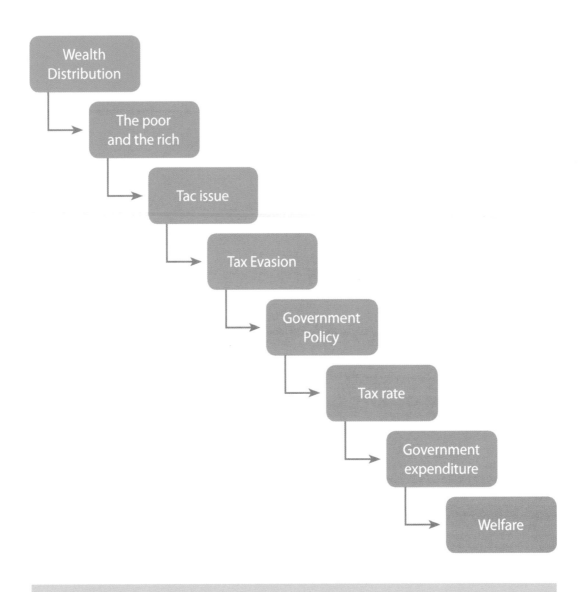

Wealth distribution is considered as the most critical issues of <u>the poor and the rich</u>

▼

<u>The poor and the rich</u> have different perspectives on <u>tax issues including the tax evasion</u>

▼

The effects of <u>government policy</u> that aims to deter <u>tax evasion</u> are examined in a qualitative and quantitative model

▼

<u>Tax evasion</u> is concluded to increase in the <u>tax rate</u> while a reallocation of government expenditures on <u>welfare decreases tax evasion</u>

키워드 심층 연상법을 통해 문장 전개하기

위 표에서 알 수 있듯이 베르니케 학습법에서는 단어를 연상하는 능력을 훈련하는 것이 가장 중요하다. 핵심 키워드를 심층적으로 연상하여 전개시켜 나가기 위해서는 평소에 많은 글을 읽으며 브로카 학습법을 통해 어떤 단어를 어떤 문장으로 혹은 어떤 구문으로 써야 하는지 일단 스크립트 자체에 대한 학습을 해야 한다. 이러한 방식으로 만든 문장과 문장 사이의 연관관계를 고민하고 지속적으로 후속 문장을 만드는 연습을 하는 과정이 베르니케 학습법의 핵심이다. 때문에 키워드 연상 연습을 하는 것부터 훈련을 시작해야 한다. 왼쪽 표에서 알 수 있듯이 Tax라는 하나의 단어로도 여러 가지 문장들을 구성할 수 있다. Tax라는 통일성 있는 하나의 큰 줄기에 Evasion, Rate, Issue 등을 붙여서 다양한 문장을 만들되 전체 통일성을 훼손하지 않고 있는 것이다. 이렇게 서론에 불평등에 대한 이슈와 부의 분배에 대한 내용으로 청자를 환기시키고 Tax에 대한 문제를 집중적으로 조명하면서 이야기를 이끌어 나가면 전체적으로 연관성과 통일성 그리고 청자와 깊고 풍성한 대화를 이끌어낼 수 있다. 한 가지 주제에 대해 다양한 대화를 하다보면 그 대화에 대한 키워드와 그 키워드와 연관된 문장들이 머릿속에 남게 된다. 뇌에 새겨진 키워드와 관련 이야기들을 조금 발전시키거나

키워드	마스터 플랫폼	스토리 플랫폼
Wealth Distribution Tax Evasion Tax Issues Government Policy Welfare	The effects of government policy that aims to deter tax evasion are examined in a qualitative and quantitative model.	The effects of government policy that aims to deter tax evasion are examined in a qualitative and quantitative model. Tax evasion is concluded to increase in the tax rate while a reallocation of government expenditures on welfare decreases tax evasion.

응용함으로써 다양하게 변형시켜 머릿속에 스크립트를 저장하자. 그 스크립트는 결국 나의 스토리 마스터 플랫폼이 될 것이다.

키워드는 끝까지 데려가라

베르니케 학습법의 역할론에 대해서는 학자들 사이에서도 많은 이견이 있다. 그러나 이 베르니케 영역의 역할을 영어 스피킹의 학습법으로 개발하고 다년간 연구한 필자의 입장에서는 영어로 말하는 기술을 증진시키는 데 있어서 가장 중요한 방법 중 하나가 이 베르니케 뇌 영역을 개발하는 것이라고 단언할 수 있다. 베르니케 영역은 단순히 어떤 말을 어떻게 할 것인가를 다루는 브로카 학습법을 넘어서 말하기에 필요한 외적인 요소와 상황을 인식하고 판단하고 적응하는 능력까지 말한다. 청각과 시각뿐 아니라 인간의 모든 감각과 상황을 컨트롤하며 내가 하고 싶은 말 혹은 전하고 싶은 의미를 정확하고 설득력 있게 전달하는 모든 요소와 결부되어 있기 때문에 언어와 관련된 모든 외부적 요소들을 총괄해서 다룬다고 할 수 있다. 다시 말하면 말하기에 필요한 모든 요소와 상황들을 컨트롤하고 인지하고 개선시키는 종합 능력을 키우는 것이 이 베르니케 학습법이다.

베르니케 영역의 미시적인 역할은 한마디로 내가 말한 내용에 대한 뇌새김 혹은 요약능력일 것이다. 즉, 내가 무엇을 말했는지를 그때그때 다 기억할 수는 없지만 내가 말한 내용 중에서 앞으로 말할 내용에 대한 관련성을 찾아내는 능력이 필요하며, 내가 계속 말해야 할 문장이나 단락들이 그 전에 내가 말한 내용과 일맥상통하도록 끊임없이 제어하고 컨트롤하는 역할을 한다.

베르니케 영역의 개발을 통해 얻을 수 있는 Benefit

1. 베르니케 학습법을 통해 자기 생각을 직접적으로 또는 논리적으로 시간을 갖고 표현할 수 있는 기회를 가질 수 있으며 스피킹과 다르게 자기의 생각에 대한 고찰을 하고 다듬고 발효시킬 수 있는 시간적 여유를 가질 수 있다.

2. 여기서 발효시킨다는 뜻은 자기의 생각을 더듬어보면서 이 생각이 정확하게 글에 표현되고 있는지 다시 Review할 수 있고 (일반적으로 스피킹에서는 한번 내뱉은 말을 다시 주워 담을 수가 없다) 이 생각을 정제(Refine)시켜서 다양한 방법으로 표현하고 상대방에게 내 생각을 표현함으로써 서로의 생각을 교류하고 고민해보고 차이점을 이해시키거나 설득시킬 수 있는 여유를 가질 수 있다는 것이다.

3. 베르니케 영역과 관련된 말하기 능력은 '종합사고능력'을 평가하는 가장 객관적이고 기록적인 증거이다. 이를 통해서 화자는 청자의 생각을 상상해볼 수 있으며 다양한 방식으로 피드백을 줄 수 있는 기회를 얻을 수 있다. 가장 중요한 것은 필자의 생각을 전달함에 있어서 그 문장이 갖고 있는 다양한 의미를 함께 고민하고 생각해볼 수 있는 하나의 플랫폼의 역할을 하는 것이 바로 이 영역이라는 것이다.

4. 브로카 학습법의 경우 스피킹에 필요한 영작과 관련된 문법에 필요한 기초적인 지식을 가장 효율적으로 공부하고 찾아보고 활용해볼 수 있기 때문에 영어 문법 공부에 있어서 가장 효율적인 방법이 될 수 있다. 베르니케 학습법은 내가 알고 있는 영어 지식이나 표현을 직접 쓰고 응용하게 됨으로써 더 확실히 영어로 된 표현이나 문구를 내 것으로 만들 수 있다.

5. 베르니케 뇌 영역을 자꾸 쓰고 활용하다 보면 다른 사람의 말을 이해하는 능력, 즉 듣기 능력이 향상된다. 듣기 능력은 그에 대한 집중력이 좌우한다고 할 수 있다. 상대방이 어떤 얘기를 하는지 관심이 없으면 자꾸 글이 머리에 들어오지 않을 수 있다. 하지만 내가 말하는 내용에 대한 응용법이나 활용하는 방법에 익숙

해지면 상대방이 어떤 표현들을 하는지 어떤 얘기를 하는지 조금 더 집중되어 문장들이 익숙해진다. 이 방법을 통해 영어 독해 능력 및 듣기 능력 역시 향상될 수 있다.

베르니케 뇌영역을 자유자재로 구사하면 창의적인 표현과 독창적인 아이디어를 피력할 수 있다. 특히 청자가 영어를 쓸 수 있는 전 세계 사람들이라는 점은 우리가 베르니케 뇌영역을 왜 잘 개발해야 하고 써야 하고 배워야 하는지 충분한 이유가 될 수 있다.

베르니케 뇌영역 중 특히 브로카 영역이 발달하여 영어로 자기 생각을 자유롭게 표현할 수 있는 사람은 '일단 영어로 생각을 해야 한다'고 주장한다. 물론 이 말도 일리가 있지만 필자는 조금 다른 생각을 갖고 있다. 영어가 아닌 다른 언어로 생각하되 표현하는 데 있어서 제약이 없을 정도로 자유자재로 글을 쓸 수 있는 Frame, 즉 자기만의 Template이 머릿속에 있다면 오히려 원어민이 듣기에도 신선한 표현들이 나올 수 있다.

회화를 잘한다는 것은 기본적으로 영어로 자기의 생각을 표현하는 것에 익숙하고 능수능란하며 다양한 표현을 구사하고 그때그때 다양한 방법으로 자기의 의견을 피력할 수 있는 능력이 생긴다는 것을 의미한다. 베르니케 영역을 개발하고 또한 브로카 영역에 관련된 여러 가지 스킬들을 연습하고 발전시키면 영어를 말하고 쓰면서 느끼는 희열을 느껴볼 수 있을 것이다. 더불어 영어 스피킹을 잘 하지 못해서 느꼈던 좌절감 혹은 영어 문법에 대한 두려움 등을 가뿐히 날려 버려 줄 것이다. 이렇게 되면 직장인들은 조금 더 넓은 시야로 업무와 소통을 할 수 있을 것이며 해외에 있는 어떠한 거래처로부터 생각지도 못한 수확을 거두어들이는 경험도 맛보게 될 것이다.

베르니케 영역을 잘 이용하여 스피킹을 한다는 것은 비단 본인의 영어 능력이 전체적으로 개선된다는 효과 이외에도 좀 더 많은 사람들과 시간과 공간에 제약을 받지 않고 소통하는 과정에서 영어공부에 대한 근본적인 동기 부여를 지속적으로 얻을 수 있다는 뜻이 될 것이다. 인간관계를 통해서 얻을 수 있는 다양한 방법의 동기 부여 효과 또한 얻을 수 있을 것이다. 입시생이나 학생의 경우도 마찬가지이다. 교육기관이나 다양한 구직활동 과정에서도 상황에 구애받지 않고 영어로 말을 자유자재로 표현할 수 있다는 것은 다른 경쟁자들에 비해 절대적인 우위에 있을 수 있다는 것을 의미한다. 이렇게 되면 생각지도 못한 인생의 다양한 기회들을 얻을 수 있다.

단언컨대 영어권 국가에서 요즘 각광받고 있는 영어 스피킹 교육 트렌드의 핵심은 바로 이 베르니케 영역을 잘 발달시키는 것이며 이 뇌영역을 잘하기 위한 교육방식이나 도구가 집중적으로 연구되고 있다. 또한 Speaking, Reading, Listening 그리고 Writing은 결국 이 뇌영역을 발달시키기 위한 하나의 과정이라고 해도 과언이 아닐 만큼 브로카 뇌영역과 함께 언어 관련 뇌세포를 발달시키는 데 있어서 가장 중요한 요소 중 하나이다.

베르니케 영역을 발달시켜 언어의 가로와 세로의 신축성을 컨트롤할 정도의 경지에 오르면 가장 높은 차원의 언어 구사 능력을 갖는 것과 같다. 따라서 영단어 혹은 영어 발음이나 억양을 학습하는 것보다 언어학적인 지속성 및 발달 능력을 증진시키는 훨씬 중요한 요소라고 사료된다.

베르니케 스피킹 학습법의 기본 원리 셀프 스터디

1단계: 전 문장의 핵심적인 키워드를 뽑아 연상법으로 단어 나열하기

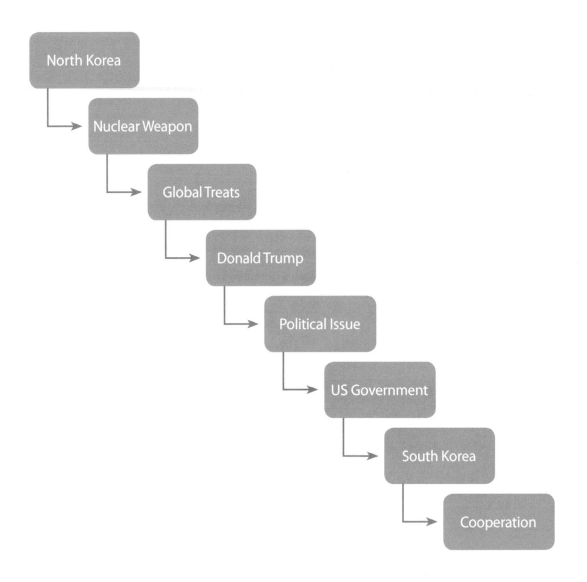

1단계 베르니케 학습법에 가장 선행되어야 할 일은 적합한 단어를 심층 연상하여(여기서 심층 연상이란 다음에 나올 단어를 바로 전 단어를 토대로만 연상하여 앞으로 이어 발전시켜 나가는 것이다) 브로카 연상법과 같이 마지막 연상 단어를 처음 단어와 어느 정도 연관성이 있도록 회귀시키는 것이다. 이렇게 해

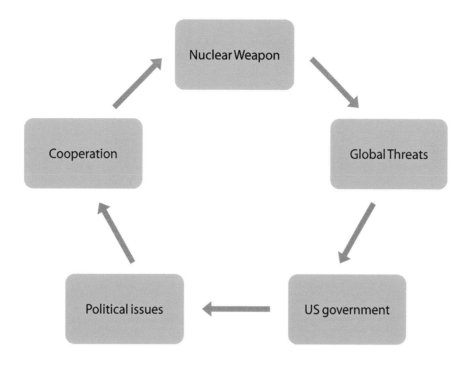

야 전체적인 통일성과 연관성을 도모하는 데 도움이 된다.

핵심 키워드를 연상하여 전개시켜 나가기 위해서는 평소에 많은 글을 읽거나 혹은 다양한 구문을 연습하는 것이 중요하다. 'North Korea'와 'Nuclear Weapon'을 첫 시작어와 다음 연상 단어로 골랐다면 전체적인 내용의 전개가 북한 핵 문제를 기점으로 주위를 맴돌되 다양한 전개로 미국과 혹은 한국과의 관계 그리고 향후 전개될 이슈들에 대한 내용으로 스토리를 만들어 나아가야겠다는 밑그림을 우선 그리는 것이 중요하다. 여기서 핵개발이나 북한 문제라는 단어를 코어 키워드로 설정하지 않고 문장을 만들면 전체적인 내용이 핵심 논지를 벗어날 수 있기 때문에 마스터 플랫폼을 만들 때에도 이러한 생각들을 토대로 Template 을 고르고 대입하는 것이 중요하다.

베르니케 학습법의 목표는 스토리텔링이기 때문에 플랫폼 사이의 관계나 앞으로 만들 문장들에 대해 머릿속으로 미리 디자인 초안을 그리는 것도 이 단계에서 꼭 해야 할 일이다. 입으로 일단 문장을 차근차근 만들어 보는 연습을 하고 다양한 기사나 글들에 있는 표현을 쉐도잉해보자. Youtube를 통해 이와 관련된 내용의 영상을 찾아보고 스크립트를 따라 읽어보는 것도 많은 도움이 된다.

2단계: 마스터 플랫폼을 이용해 연상한 단어로 새로운 문장을 만들고 소리 내어 말하기

1. It goes without saying that + 주어 + 동사

2.

3.

4.

〈내가 좋아하고 자주 쓰는 구문〉

〈쉐도잉을 통해 예문에서 가져온 구문〉

1. It goes without saying that + 주어 + 동사

2.

3.

4.

5.

〈나만의 스피킹 마스터 플랫폼〉

어떤 단어를 어떤 문장으로 혹은 어떤 구문으로 써야 하는지 브로카 학습법을 통해 일단 스크립트 자체에 대한 학습을 하고, 직접 만든 문장과 문장 사이의 연관관계를 고민해서 지속적으로 후속 문장을 만드는 연습을 하는 과정이 베르니케 학습법의 기본이다. 후속문장에 대한 내용은 전 문장에서 발췌한 키워드를 기본으로 활용해야 하며 다음 문장에 어떤 내용이 올지 염두하고 만드는 것이 중요하다. 즉, 베르니케 학습법은 전체적인 스토리를 머릿속에 상상하며 브로카 학습법으로 익힌 나만의 마스터 플랫폼을 활용해 새로운 문장을 만들어 나가는 것이다. 이렇게 만들어진 문장을 입으로 크게 말해보자. 다양한 구문을 대입해 계속 연습하고 말하고 수정하는 과정을 반복하는 것도 중요하다.

베르니케 학습법의 핵심은 연속적으로 문장을 이어 말하는 '연음'에 대한 연습과 연음 능력을 키우는 것이기 때문에 키워드 연상 연습을 하는 것부터 훈련을 시작해야 한다. 아래 다이어그램에 나타나 있듯이 지금 현재 가장 집중해야 하는 문장이 '마스터 문장'이다. 이 마스터 문장을 말할 때 혹시 다음 문장에 대한 연음이 힘들 경우 그리고 무슨 말을 해야 할지 바로 떠오르지 않는 경우 전 문장에 나온 키워드나 구문을 조금씩 활용하면 자연스럽게 '체공 시간'을 만들 수 있다. 여기에 새로운 정보를 조금씩 첨가해주면 '연음'을 구사할 수 있게 될 것이다.

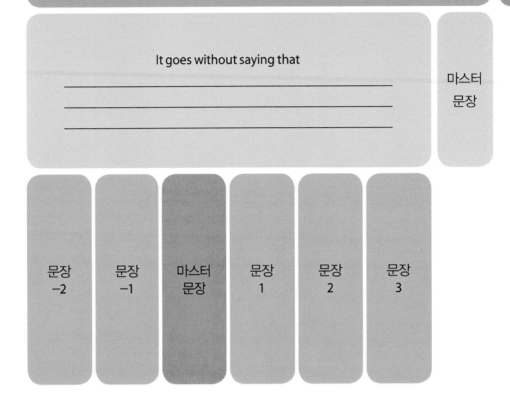

마스터 문장에서 쓰일 나의 재료는 바로 전 문장(문장-1) 그리고 그 전 문장(문장-2)에서 키워드를 끌어올 수도 있고 문장 재료를 가져와서 조합해서 만들어 쓸 수도 있다. 마스터 문장은 지금 내가 말해야 하는 문장이기 때문에 말하면서는 일단 문장력이나 말의 의미가 잘 전달되는 것에 집중하고 문장이 끝날 때쯤 그리고 다음 문장(문장 1) 초반에 앞에서 언급한 체공 시간을 늘려주는 구문들을 활용해 어떤 내용을 말해야 할지에 대해서 생각하고 얘기를 이어 나가는 방식으로 연습한다. 항상 중요한 것은 어떠한 문장을 만들든지 최대한 신선하고 새로운 표현 그리고 통일성을 해치지 않는 스토리를 염두해두되 연음에 너무 신경 쓰지 않는 것이다.

말을 많이 하는 것보다 내가 전달하려는 의미를 말로 정확히 설명하는 것이 중요하다. 때문에 충분히 설명할 수 있도록 다양한 재료와 마스터 플랫폼을 머릿속에 항상 탑재하고 대화를 해야 여유 있고 유연한 대화를 할 수 있다. 베르니케 학습법의 가장 큰 장점은 전체적인 큰 그림을 볼 수 있는 안목을 길러준다는 것이다. 이 학습법을 연습하다 보면 자연스럽게 브로카 학습법에 대한 자신감과 다양한 방식의 문장을 만들 수 있는 조합 능력 그리고 스토리를 늘리거나 줄일 수 있는 신축성을 기를 수 있다.

언어의 세로적 신축성은 문장력과 어휘력 그리고 구문을 얼마나 많이 쓰고 응용하고 변형해보았는지 같은 개인의 연습량에 따라 그 능력이 좌우된다. 그러나 가로적 신축성은 많은 글을 읽어보고 좋은 문장은 내 것으로 만들려고 노력하며 많이 읽고 듣고 쓰는 것이 그 능력을 기르는 데 중요한 역할을 한다. 언어는 무의식적인 능력이 많은 부분을 좌우한다. 때문에 언어 자체에 대한 관심 혹은 스스로 그 언어와 혼연일체 되려는 노력이 수반되지 않는 한 그 휘발성은 극에 달하게 되어 머릿속에서 그리고 몸속에서 전부 망각될 것이다. 그런 의미에서 언어학습의 가장 중요한 목표는 말만 잘하는 게 아니라 그 언어를 사랑하고 많이 접하려고 노력하려는 의지이다.

3단계: 새로운 문장을 토대로 연상했던 키워드를 다시 리뷰해서 재배치하고, 수정된 문장을 소리내어 말하기

(A) North Korea has an active nuclear weapons program and has repeatedly tested nuclear explosive devices.

(B) It is also believed that North Korea possess not only nuclear weapons but also biological and chemical weapons.

(C) Those biological weapons can be considered as more mortal and fatal weapon in case of all-out war in Korean peninsula.

베르니케 영역의 가장 중요한 단계는 역시 기존 문장에 대한 다각도의 분석을 행하는 일이다. 기존에 마스터 플랫폼으로 만든 여러 개의 문장 혹은 바로 직전 문장은 그 다음 문장에 어떤 것이 오느냐에 따라 전혀 다른 의미로 해석될 수 있다. 예를 들어보자.

(A)문장에서 핵무기에 대한 언급이 나와 핵무기에 대한 얘기를 전개하는 것처럼 보이지만 (B)문장에서 생화학무기에 대한 언급과 함께 (C)문장에서는 핵무기에 대한 얘기가 아예 사라진 것을 볼 수 있다. 여기서 (B)문장은 전환점을 예고하는 문장이다. (C)에서 다시 핵무기를 언급한다면 단순한 정보 전달 후 주요 논지를 다시 핵무기로 틀 수도 있음을 알 수 있다. 이와 같이 전 문장에서 나온 핵심 키워드는 (C)에서 생화학무기 쪽으로 아예 방향을 틀게 된다. 때문에 이와 관련된 키워드와 내용을 미리 머릿속으로 생각하는 것이 중요하다. 문장을 재배치하고 논지의 방향성을 설정하고 전체적인 스토리를 조율하는 연습 이것은 베르니케 학습의 가장 중요한 영역이다. 때문에 베르니케 학습에서 가장 중요한 과정 중 하나는 내가 말한 내용에 대한 뇌새김 혹은 요약능력이다. 즉, 내가 무엇을 말했는지를 그때그때 다 기억할 수는 없지만 내가 말한 내용 중에서 앞으로 말할 내용에 대한 관련성을 찾아내어 내가 계속 말해야 할 문장이나 단락들이 그 전에 내가 말한 내용과 일맥상통하도록 끊임없이 제어하고 컨트롤해

야 한다. 이 능력을 키우는 것은 결코 간단한 문제가 아니다.

언변이 뛰어난 사람들은 전에 말한 내용에서 다음 논지로 넘어갈 때 쉬지 않고 앞 내용을 다시 언급하거나 심화시켜서 강조한다. 여기에 새로운 내용을 조금씩 첨가하여 조금씩 방향을 틀어나가며 전체적으로 하나의 큰 중요한 메시지를 전달하도록 하는 능력 또한 갖고 있다. 여러 가지 문장을 연관성 없이 나열하거나 쏟아내다 보면 청자도 마찬가지지만 말하는 자 스스로도 내가 무슨 내용의 말을 어떤 방향으로 하고 있는지 그 방향성을 잃을 수 있다. 때문에 말하기에 가장 중요한 주의를 환기시키며 청자의 관심을 끌어야 화자도 전달력이나 말의 무게감을 실어서 설득력을 갖는 말을 할 수 있다. 회화에 능통해지기 위해서는 무엇보다도 내가 하는 말들을 컨트롤하는 능력을 키우는 것이 중요하며 베르니케 학습법은 이런 의미에서 매우 중요한 말하기의 기술을 연마시켜준다고 할 수 있다.

4

Chapter

영어 스피킹의
왕도(王道)로
통하는
엄선된 필살 스피킹
구문 123선과
뇌에 쓰는 스피킹
메모 생각노트

영작 마스터 플랫폼을 위한 대입용 구문 123개를 이용한 스피킹 비법
(구문을 외우면 저절로 말이 술술 나온다)

영어 스피킹의 왕도는 없다? 필자는 왕도가 없을지 몰라도 한국인을 위한 획기적인 비법은 있다고 생각한다. 한국인은 중고등학교 혹은 초등학교 그 이전부터 영어 학습을 해왔다. 그럼에도 불구하고 아직도 영어 학습에 흥미를 찾지 못하는 사람들이 대부분이다. 그래서 필자는 분명 조금 더 효율적이고 확실한 방법, 즉 암기하기 쉬운 구문을 바탕으로 한 플랫폼 학습법이 있지 않을까라는 끊임없는 물음과 고민으로 원어민이 자주 쓰면서도 한국인들에게 조금 더 익숙한 구문을 하나하나 분석했다. 이렇게 엄선된 123개의 스피킹 구문은 스스로 스피킹루트를 찾고 이를 개발하고 발효시키는 과정에 결정적인 역할을 할 것이다. 또한 스피킹이라는 전쟁에 나가기 전에 꼭 필요한 나만의 '무기'를 만드는 데에도 중요한 재료가 될 것이다.

이제부터 소개할 구문들은 앞에서 계속 언급한 영어 스피킹 학습법 두 가지인 브로카/베르니케 학습법의 가장 핵심을 바탕으로 만들어졌다. 이 엄선된 핵심 필승 구문은 마스터 플랫폼 만들기와 5box 연상 키워드 영작법을 만들 때 사용되며, 쉐도잉 혹은 구문 연상법과 대입법으로 문장을 만들어나갈 때도 필요하다. 이 구문들 중에는 본인이 사용하고 싶었던 의미가 담긴 구문도 조금 생소한 구문도 있을 것이고 평소에 많이 접해본 쉬운 구문도 있을 것이다. 그러나 쉽다고 그냥 넘기지 말아야 한다. 아무리 쉬운 구문이라도 막상 쓰려고 하면 생각이 나지 않는 경우가 많기 때문이며 그것은 그 구문이 완벽히 자기 것이 되지 않았다는 뜻이다.

필자는 5BOX 영작법과 마스터 플랫폼을 통한 에세이 영작법 등을 다년간 연구하고 실제적으로 학생들에게 활용하도록 실험했다. 그 결과 실제 스피킹을 하는 데 있어서 가장 많은 학생들이 선택한 구문이 있다. 이를 스피킹 지수(Rate of Frequency(Importance) in Speaking)로 통계 조사하여 가장 빈도수 높고 중요한 구문은 ★★★★★(별 5개) 그리고 그다음 순서대로 별 4개, 별 3개, 별 2개씩 사용빈도와 활용성이 많은 구문을 분류해보았다. 또한 각 구문마다 특징이나 사용전략을 간단하게 기술하였다.

아무리 쉬운 구문이라도 유용하게 쓰려면 직접 써 버릇해야 한다. 실제로 영어 회화에 초보인 학생 100명에게 1달 정도 123개의 구문을 가르친 결과 스피킹에 자주 사용되는 구문은 평균적으로 한 학생당 30개 정도로 조사되었다. 이후로도 학생들이 자주 쓰는 구문은 10~20개씩 매달 늘어나는 것으로 분석되었다.

이 구문들을 활용해 단기 목표를 세우고 마스터 플랫폼을 완성하고 소리 내어 읽고 실전에서 사용해보자. 스피킹 파트너를 한 명 섭외하여 필자가 제시한 스피킹 기법 중 쓰기 편하거나 관심 있는 방식을 골라 구문에 대입하여 나만의 스크립트를 만들자. 소리 내어 연습하고 친구나 멘토의 피드백을 받아보자.

간혹 너무 기본적이거나 쉬운 구문이 있지만 이런 구문들조차 자유자재로 쓰려면 오랜 시간과 연습이 필요하다. 때문에 쉬운 표현이라도 다시 곱씹어보고 실제로 사용하고 활용해 내 것으로 만들어야 한다. 간단하고 많이 쓰이는 표현일수록 좋은 표현이다. 어려운 단어나 표현보다 쉽고 많이 쓰이는 구문을 완벽하게 적재적소에 사용하는 것이 그 무엇보다 중요하다는 것을 강조하고 싶다.

다음 구문을 활용하기 위해 연상되는 단어 5개를 생각하고 연상법을 이용하여 문장을 만든 다음, 머릿속에 그려보고 소리 내어 연습해보자. 위 문장을 활용할 때 어떤 단어들을 대입할 수 있을지 고민하여 마스터 플랫폼을 빈칸에 적어보자.

1 ★★★★

주어 + find(s) out whether(if) + 절
…의 여부를 알아내다.

예문 I want to find out whether they have interests in common.

마스터 플랫폼

위 표현은 어떤 사실을 밝혀내고 싶을 때, 참과 거짓 관계를 정확하게 규명하고 싶을 때 많이 쓰이는 주의 환기용 장치 중 하나이자 if 혹은 'What + 절'의 가장 대표적 표현 중 하나이다. 정반합(正反合)의 방식으로 말하는 스피킹 스타일에서 초반에 이야기를 시작할 때 자주 활용되는 표현이며 결국 어떤 목적으로 쓰여졌는지 단적으로 알게 해주는 주제문에 바로 전 문장으로 많이 쓰인다. 결론적으로 위 표현은 앞으로 어떤 얘기를 어떤 방식으로 풀어나가겠다는 선전포고와 같은 역할을 하며 이야기를 시작하는 용도로 활용되어 다양한 방법으로 응용할 수 있다.

주어 is/are most(highly) likely + to 부정사
~는 …할 확률이 매우 높다.

예문 She is most likely to pass the driving test.

마스터 플랫폼

위 표현은 'Highly likely'보다는 훨씬 더 확신에 차 있는 표현으로 상대방의 반박을 원천적으로 봉쇄하려고 할 때 많이 쓰이는 표현이다. 사실 이 표현은 잘못 쓰게 되면 상대방으로 하여금 사실 여부에 대한 의구심을 갖게 만들 수 있으며 극단적인 단정이라고 오해하게 만들 여지가 있다. 때문에 상대방과 논쟁을 벌이는 과정에 있어서 상대방의 도전이나 반박을 봉쇄하는 역할로만 쓰길 바라며 신뢰도를 떨어트릴 수 있으니 항상 조심하길 바란다.

According to ~, 주어 + 동사
~에 따르면 …이다.

예문 According to some psychologists, man has a habit of lying.

마스터 플랫폼

```
┌─────────────────────────────────────────────────────────────┐
│                                                             │
│                                                             │
│                                                             │
│                                                             │
└─────────────────────────────────────────────────────────────┘
```

'From the perspective of + 명사', 'Based on the fact of + 명사'의 뜻과 비슷한 표현으로 쓰일 수 있다. 위 표현은 가장 많이 사용되는 인용법 표현 중 하나로 스피치에서 문장이나 단락의 신뢰도를 높이기 위하여 참고적인 정보를 사용하거나 특정 개인이나 기관의 의견을 인용하여 전체적인 논지의 신뢰도를 증진시키는 역할을 한다. 위 표현은 나의 의견을 상대방에게 관철시키고 설득력을 높이려고 할 때 권위 있는 사람이나 기관의 말을 빌려 다양한 추가 논지를 펼칠 수 있도록 해주는 역할을 한다. 자주 사용하는 것은 자칫 글의 독창성을 해칠 수 있으므로 주의하자.

4 ★★★★

As I have pointed out, 주어 + 동사
지적한 대로 …이다.

예문 As I have pointed out, its environmental effect could be disastrous.

```



```

위 구문은 앞에 지적한 주제나 논제 혹은 이슈에 대해 부연설명이나 추가 이슈에 대한 문제 제기할 때 유용하게 쓰이는 구문이다. 앞에 제시한 문장과 관련 다른 이슈나 더 심각한 다른 문제들을 야기할 수 있다는 뜻의 글을 전개할 때 유용하다. 스피치 초반에 앞에 설명한 사실을 기초로 본인이 생각하는 가장 중요하고 심각한 문제가 무엇인지에 대해 말함으로써 본격적으로 문제를 제기할 때 사용된다. 전체 스피치 주제와 가장 밀접하게 관련 있는 내용이 들어갈 수 있기 때문에 잘 선택해서 사용하기를 바란다.

5 ★★★

주어 can appear to others as ～
～는 남들에게 ～처럼 보일 수 있다.

예문 Her cool attitude can appear to others as indifference.

마스터 플랫폼

192

위 구문은 여러 상황의 회화를 하는데 있어서 가장 기본적인 구문 중 하나지만 의외로 유용하게 사용하지 못하는 경우가 많다. 다양한 방법으로 많은 응용 문장을 만들 수 있으며 특히 사람의 특성을 표현할 때 유용하게 쓰일 수 있다. 실제적인 특징과 겉으로 보여지는 모습과의 괴리감을 나타낼 때 혹은 어떤 사물이 사람들의 인식 속에 다양한 방법으로 인지된다는 의미의 문장을 쓸 때 사용될 수 있다. 다양한 방식으로 위 구문을 활용하여 여러 가지 자신만의 독창적인 표현을 만들어보자.

6 ★★★

No wonder (that) + 절 (Not Surprisingly)
···은 조금도 놀라운 일이 아니다.

예문 No wonder he has a stomach upset after eating so much.

마스터 플랫폼

위 표현은 스피치를 시작할 때 논지를 처음 제시하는 청자의 주의 환기용 역할을 하며 현실에서 벌어지고 있는 다양한 이슈거리와 문제들을 지적함으로써 스크립트를 위한 영작의 전체적인 구조와 목적을 설명하기 위한 앞잡이 역할을 하는 유용한 표현법이다. 진지한 자리나 진지한 상황에서 쓰는 표현이라고

하기보다는 조금 가볍고 분위기 전환용 얘기를 할 때 ('Not Surprisingly'도 가능) 유용하게 쓰일 수 있으니 머릿속에 기억하고 나만의 스피킹 플랫폼을 만들어 소리 내어 연습해보자.

7 ★★★★★

Obviously, 주어 + 동사
명백히 …하다.

예문 Obviously, you cannot make friends with everybody.

마스터 플랫폼

Basically, Frankly Speaking 등과 같이 일반 회화에서 습관처럼 많이 쓰이는 표현 중 하나이다. 명백히 어떤 주장을 펼칠 때 확신의 정도를 나타내는 표현으로 Apparently, Clearly가 있는데, 이것 보다는 조금 더 상대방의 눈치를 살피는 느낌의 의미가 내재되어 있다. 한마디로 상대방과 언제든지 타협이 가능하지만 내가 주장하는 것에 충분한 자신감을 갖고 있다는 것을 내재적으로 품고 있는 표현이다. 역시 너무 자주 쓰게 되면 스피킹의 전체적인 신뢰도를 하락시킬 수 있다.

This is because + 절
이는 …하기 때문이다.

예문   This is because we have coffee as a way of relieving tension.

마스터 플랫폼

위 표현은 사실 구어체에서는 가장 많이 쓰는 표현 중에 하나이지만, 문어체에서는 그리 세련된 표현이라고는 하기 힘들다. 때문에 'It is largely due to the fact that + 절'과 병행해서 연습해보자. 우리의 실생활에서 많이 쓰고 중요한 구문으로 앞에 있는 문장을 부가 설명하며 합리화시킬 때 가볍게 쓸 수 있는 표현이다.

주어 is/are commonly(generally) used + to 부정사
주어는 보통 ～하는 데 사용된다.

예문   This adjective is commonly used to describe people's character.

마스터 플랫폼

위 구문은 특정 물건이나 명사가 어떠한 방식으로 쓰이는지 그 기능성을 설명하는 표현으로 다양한 방식으로 응용해 쓸 수 있다. 여기서 'Commonly'라는 단어는 대개 어떠한 방식으로 쓰이지만 다르게 쓰이는 경우도 있다는 추가적인 문장을 소환하는데 필요한 부사로서 뒤에 오는 문장을 암시하는 복선과 같은 역할을 한다. 때문에 이 문장의 핵심은 보통의 경우 ~의 용도로 사용되지만 특별한 경우에 다르게 사용될 수도 있다는 의미를 품고 쓰이는 표현이라는 점이다. 이 표현은 주로 이야기를 시작할 때 많이 사용되며 중간에 반전을 줄 때 중요한 역할을 할 수 있는 유용한 표현이다.

10 ★★★

Broadly speaking, 주어 + 동사
대략적으로 말해서 …이다.

예문 Broadly speaking, commuting by car has grown since the 1960s.

마스터 플랫폼

위 구문은 사실상 구어체보다는 문어체에서 더 많이 쓰이는 표현이지만 적재적소에 쓰게 되면 의외로 문장 전체의 혹은 단락 전체의 신뢰도를 높일 수 있다. 그리고 상대방을 설득시키기 위해서 사실관계에 있어 항상 조심스럽다는 내재적인 의미를 전달하여 상대방으로 하여금 신뢰감을 상승시킬 수 있는 잘 쓰면 무서운 무기이다.

11 ★★★★

Even so, 주어 + still + 동사
그렇다 하더라도 아직 …이다.

예문 Even so, over one-fifth of the population still lives below the poverty line.

마스터 플랫폼

'Even so'는 앞문장에 대한 일정부분의 인정과 함께 본인이 제시한 이슈에 대해 해결방안이나 논의가 필요한 스크립트나 스피치가 있을 때 많이 쓰이는 문장이다. 앞문장과 정면으로 대치되지는 않지만 해결해야 할 문제가 아직 존재함을 설명할 때 쓰이는 구문이다. 앞문장이나 기존 해결책에 대한 극단적인 부정보다는 아직 해결해야 할 문제가 있다는 것에 대한 전제를 깔고 의견을 제시할 때 유용하게 쓰일 수 있다. 역시 스피치 초반에 많이 쓰일 수 있는 구문이다.

It seems as if + 절
마치 …처럼 보인다.

예문 It seems as if he knows everything.

마스터 플랫폼

위 표현은 영어 스피킹 구문 중 가장 기본적이고, 많이 쓰는 표현 중에 하나이다. 여기서 'As if'는 마치 어떤 의도를 품고 있으나 그 저의를 추가적으로 관찰하거나 분석하고 싶을 때 표면적인 현상을 묘사하는 용도로 많이 쓰인다. 가정법의 관용적인 표현 중 하나로 이 구문을 너무 많이 쓰게 되면 자칫 성의 없어 보이며, 내재된 의미를 분석하기보다는 표면적인 묘사에 그쳐버리는 피상적인 느낌을 줄 수 있으니 주의하자.

No matter how long it takes, 주어 + 동사
아무리 오래 걸리더라도 …하다.

예문 No matter how long it takes, I will complete my task.

However long it takes, 주어 + 동사

마스터 플랫폼

위 표현은 일상생활에서도 많이 쓰는 표현으로 'Long' 말고 다른 형용사를 넣을 수 있다. 에세이 결론 부분에 앞으로의 의지나 나아가야 할 방향으로 내 주장을 펼칠 때 응용해서 많이 쓸 수 있는 구문이다. 'No matter what + 형용사, Despite + 명사'와 함께 많이 쓰이는 정말 유용한 구문이다.

'No matter how important the issues would be, 주어 + 동사' 이런 식의 문장 역시 다양한 방식으로 에세이나 논술에 사용될 수 있으므로 숙지하고 있으면 생각보다 정말 많은 표현에 이용될 수 있다.

14   ★★★★

주어 is/are divided into ∼

∼는 ∼으로 나뉘어진다.

예문 This speech is divided into two quite separate parts.

위 구문은 다양한 문장에 여러 가지 용도로 사용된다. 스피치를 시작하거나 혹은 스피치의 구조를 설명할 때 그리고 다양한 방식으로 찬반구조의 이야기를 이끌어 나갈 때 초반에 많이 쓰는 구문이다. 특히 이슈나 논점을 나눠서 설명할 때 유용하게 사용되기 때문에 중요한 구문 중 하나이다. 나만의 '마스터 플랫폼'으로 머릿속에 꼭 입력하고 새겨 놓자.

15 ★★★★★

The fact(thing) (of the matter) is that + 절
사실은 …이다.

예문　The fact of the matter is that meat is a highly concentrated form of nutriment.

마스터 플랫폼

위 구문은 간단하지만 스피치 초반에 가장 많이 이용되는 기본 구문 중 하나로 that을 생략하고 그냥 바로 주어 + 동사가 나오는 경우가 더 많다. 'The thing is that~'과 같이 '사실은 ~이다' 혹은 '내가 말하고 싶은 내용은 사실 ~이다'는 의미로 다양한 활용법과 응용법을 이용해 다양한 문장을 만들어보자. 또한 개인적인 상황이나 이슈에 대한 설명이 필요할 때 자주 쓰이는 기본적인 구문이다.

16 ★★★

This is largely because + 절
이것은 대체로 …하기 때문이다.

예문 This is largely because the fat intake is low.

마스터 플랫폼

'It is largely due to the fact that + 절'과 같은 의미로 역시 광범위하게 쓰인다. largely라는 표현은 문어체로 많이 쓰인다고 생각할 수 있지만 스피킹에 굉장히 많이 쓰이는 표현이다. 간단하지만 꼭 숙지하고 있어야 할 기본 스피킹 구문이며 여러 가지 용도로 변형되어 사용할 수 있다.

What surprises me is that + 절
내가 놀란 것은 …라는 사실이다.

예문 What surprises me is that even teenagers use drugs.

마스터 플랫폼

이 구문은 회화를 시작할 때, 주의 환기를 할 때, 청자의 호기심을 자극할 때 유용하게 쓰인다. 내가 경험한 것을 바탕으로 최근 논란이 되고 있는 이슈나 논란에 대해 자연스럽게 접근해 나가는 표현으로 뒤에 따라오는 절은 자극적이고 관심을 불러일으킬 만한 내용으로 하면 좋다. 이야기의 초반에 쓰는 표현 중에 가장 인기 있는 표현 중 하나이고 위 내용을 바탕으로 이슈에 대한 심층적인 분석이 따라오면 좋은 효과를 기대할 수 있다.

주어 is/are entitled + to 부정사
～는 …할 자격이 있다.

예문 예문 Women are also entitled to do what they want.

마스터 플랫폼

위 구문은 다양한 용법으로 매우 빈번하게 쓰이는 표현이지만 의외로 이 표현을 간과하고 자주 쓰지 못하는 경우가 많다. 일반적으로 내가 주장하는 사실에 대해 강력하게 주장하는 뉘앙스로 표현할 수 있는 구문 중 하나이다.

19 ★★★★★

It is doubtful whether + 절

…인지 의문스럽다.

예문 It is doubtful whether the public at large has any idea of the Internet revolution.

마스터 플랫폼

이 구문은 회화의 초반부에 자주 쓰이며 다른 사람의 주장이나 현재 벌어지고 있는 상황에 대해 비판적인 태도를 표현할 때 쓰는 구문이다. 어떤 이슈에 있어서 문제 제기를 하거나 어떤 논지를 시작할 때 현재의 문제점을 지적할 때 너무 진지하고 부정적이지 않은 자세를 유지하되 자연스럽게 논지를 시작하는 역할로 많이 쓰인다. 말하는 방식이나 톤에 따라 상대방에게 자칫 불편함을 줄 수 있기 때문에 주의하여야 한다. 의문시되는 이슈에 대한 근거를 다음 문장에 기술하지 않는 경우가 많다는 점에 주목해야 한다. 이 문장 뒤에는 내가 이 사실에 대한 의구심을 갖게 된 근거나 계기를 표현해주는 것이 자연스럽게 문장을 이어나가는 데 중요한 요소이다.

20 ★★★★★

Once + 과거분사, 주어 + 동사

일단 ~만 되면 …하다.

예문 Once designed, a silicon chip is extremely cheap to manufacture in bulk.

마스터 플랫폼

조건부 서술형의 가장 대표적 표현이다. 스피킹과 회화에서 기본이 되는 구문이고 과거분사형을 써서 문장을 간략하고 심플하게 만들 수 있는 대표적인 예이다. 이 구문을 자유자재로 쓰게 되면 다양한 표현을 응용하여 쓰는 데 있어서 여러 가지로 유용한 역할을 할 수 있을 것이다.

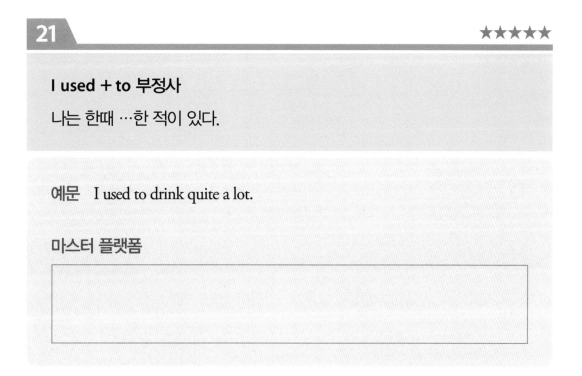

I used + to 부정사

나는 한때 …한 적이 있다.

예문 I used to drink quite a lot.

마스터 플랫폼

위 표현은 가장 기본적이고 많이 쓰는 표현 중 하나이지만 너무 단순하다는 생각 때문에 잘 쓰이지 않는다. 그러나 여러 가지 용도로 사용돼 무척 유용한 구문이니 나만의 '마스터 플랫폼'으로 머릿속에 새겨 놓으면 좋다. 특히 이 구문을 활용하면 내가 경험한 내용이나, 습관 혹은 과거의 반복적인 경험을 표현할 수 있다. 다만, 활용할 때 경험에 대한 의미 전달이 정확이 되도록 신경 써서 사용해야 한다.

★★★★★

As far as ～ is/are concerned, 주어 + 동사
～에 관한 한 …이다.

예문 As far as TV is concerned, 65% of teenagers often watch television.

마스터 플랫폼

위 구문 역시 회화, 영작에서 가장 기본적인 구문으로 서론에서 내가 경험하거나 알고 있는 내용을 먼저 기술하고 현재 이슈가 되고 있는 관련 문제를 제기하는 기본적인 형태의 구문이다. 'As far as'라는 숙어는 다양한 위치에서 많이 사용되는 숙어이다. 위 표현은 다양한 활용법으로 많이 응용할 수 있는 구문이지만 의외로 잘 활용하지 못하는 경우가 많다. 머릿속에 항상 숙지하고 활용해보자.

★★★★★

I have great difficulty (in) + ㅓing 구문
나는 …하는데 커다란 어려움이 있다.

예문 I have great difficulty getting close to other people.

역시 기본적인 구문으로 스피킹 및 회화 그리고 영작을 하는 데 있어서 자주 쓰이는 유용한 표현이다. In은 생략될 수 있지만 뒤에 명사절이 와야 한다는 걸 잊지 말아야 한다. Great라는 강조 문구를 넣고 이슈에 대한 관심을 극대화시키거나 현 상황에 대한 비판적인 시각을 표출할 때 유용하게 쓰일 수 있다.

24 ★★★★★

I have never considered + ─ing 구문
나는 …하는 것을 결코 고려해본 적이 없다.

예문   I have never considered studying abroad.

마스터 플랫폼

위 구문은 Considered라는 중요한 표현이 포함되어 있는 구문으로 'It is considered as + 형용사'와 함께 많이 쓴다. 현상에 대한 사람들의 생각을 일반적으로 ~하다라고 표현할 때 많이 쓴다. 예를 들어, 'The issue is considered as very controversial in the political history.' 속 Considered는 여러 사람들의 일반적인 견해

207

를 나타내고 'it is a generally accepted fact that + 절'과 함께 스피치 초입부에 많이 쓰고 글의 신뢰성을 더하고 싶을 때 Considered라는 표현을 쓰는 경향이 있다.

25 ★★★★★

If my memory serves me right, 주어 + 동사
만약 내 기억이 맞다면, …이다.

예문 If my memory serves me right, his uncle is a police officer.

마스터 플랫폼

위 구문은 실생활에서 많이 쓰이는 회화 표현으로 '내가 정확히 기억나지는 않지만'이라는 뜻보다는 '내 기억이 맞다'는 뜻이다. 경험하거나 느꼈던 일에 대한 회상이나 기억을 논제로 연결시킬 때 자주 쓰인다. 'As my memory serves me right~'이라고도 표현된다.

26 ★★★★★

주어 involve(s) ~
~는 ~을 포함한다.

예문 Housework involves caring for the members of the family, cleaning
the house and doing the laundry.

마스터 플랫폼

위 involve라는 동사 뒤에 명사형이 나오며 '~가 포함된다'는 뜻이다. 주어에
대한 원론적인 설명을 할 때 자연스러운 문장을 만들어주는 동사이며 표현이기
도 하다. involve를 적재적소에 넣어 표현해보는 연습이 필요하다. 많은 표현을
하다보면 involve가 얼마나 유용한 동사인지 알 수 있게 될 것이며 다양한 나만의
표현을 만들어 involve를 대입하면 정말 세련된 표현들을 만들 수 있을 것이다.

27   ★★★★★

주어 is/are getting + 비교급
～이 점점 …해지고 있다.

예문 Jobs are getting scarcer.

마스터 플랫폼

위 구문은 가장 기본적인 구문 중 하나로 다양한 곳에서 다양한 용도로 쓰일 수 있다. 특히 나의 감정상태를 표현할 때 혹은 어떤 사실에 대한 점증적인 혹은 형용사적 특징을 표현할 때 매우 유용하고 다양하게 활용되는 구문이기 때문에 입에 항상 익도록 소리내어 사용하는 것이 중요하다.

28 ★★★★★

It must have been something + 형용사
그것은 뭔가 ~한 것이었음에 틀림없다.

예문 It must have been something special.

마스터 플랫폼

위 구문은 그것에 대한 혹은 어떤 상황이나 문제에 대해 의견을 피력할 때 매우 유용한 표현일 뿐 아니라 어떠한 사물이나 사람에 대한 판단 그리고 의견 제시에도 매우 유용한 표현이다. 이 표현에서 'It should have been better than this'와 같이 'should have been'이 후회를 담고 있는 표현을 하고 있는 데 비해 조금 더 Dry하게 상황을 묘사하고 표현하는 매우 관용적 표현이다. 특히 스피치 초반에 문제 제기를 할 때 쓰일 수 있는 유용한 표현 중 하나이다.

It's far from ~
그것은 ~와는 거리가 멀다.

예문 It's far from sensible.

마스터 플랫폼

가장 기본적이고 유용한 구문 중 하나이다. 뒤에 형용사와 관련 부정적인 느낌을 표현할 때 혹은 그런 생각을 단정짓거나 청자에게 설명할 때 쓰이고 스피치 서론에서 문제 제기를 목적으로 쓰일 수 있다.

It turned out to be ~
결국 ~임이 드러났다.

예문 It turned out to be a great success.

위 표현은 앞이나 뒤에 사실 판단에 대한 이유나 근거를 들고 그것을 토대로 사실에 대한 묘사나 상황에 대한 설명할 때 유용한 구문이다. 청자에게 이슈나 문제에 대한 제기를 할 때 가장 중요하게 쓰이는 표현 중 하나이다.

31 ★★★★★

I base ⋯ on ∼

나는 ⋯을 ∼에 기초하고 있다.

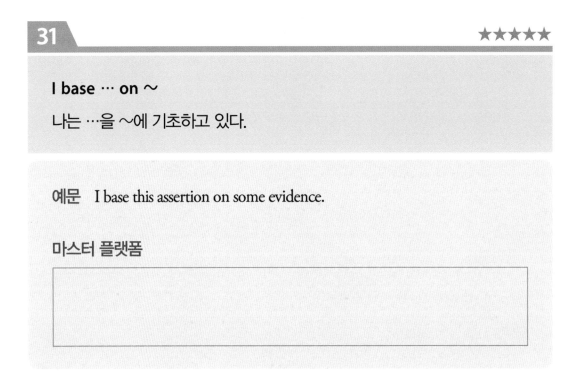

예문 I base this assertion on some evidence.

마스터 플랫폼

'It is based on'에서 주어를 I로 바꾸어 쓰는 표현으로 수동태 표현보다는 신선한 느낌을 줄 수 있다. 수동적인 표현을 할 때 'My assertion is based on some evidence'와 실제로 같은 표현이지만 기초로 하고 있는 대상에 대한 조금은 더

구체적인 표현을 할 때 매우 유용한 구문이다.

I become aware of the fact that + 절
나는 …라는 사실을 인식하고 있다.

예문 I became aware of the fact that she had been mistaken.

마스터 플랫폼

위 구문은 Know라는 동사를 고급스럽게 혹은 문어적으로 표현할 때, 정확히 인식하고 있는 사실을 강조할 때, 'the fact'에 강조를 줄 때, 유용하게 쓰일 수 있으며 자주 쓰면 다양한 효과를 얻을 수 있다.

Either way, 주어 + will + 동사
둘 중 어는 쪽이든 …할 것이다.

Either way, the structure of the Korean economy will change.

마스터 플랫폼

위 구문은 결론이나 서론에 많이 쓰이며 '어떤 방식이든 ~해야 한다'라고 할 때는 서론에 많이 쓰일 수 있고, 결론을 낼 때 '어찌 되었던 간에 ~가 되어야 한다'고 할 때는 결론부에 쓰일 수 있다.

34 ★★★★★

From a(n) 형용사 point of view 주어 + 동사
～적 관점에서 …이다.

예문 From a medical point of view he shows no evidence of illness.

마스터 플랫폼

위 구문은 3인칭 관찰자 시점이나 객관화된 시점 혹은 전문적인 견해를 인용할 때 많이 쓰이는 구문이다. 특정 관점에 대한 설명 혹은 어떤 분야의 이야기를 하고자 하는지 표현할 때 쓰인다. 서론에서 가장 많이 쓰이는 구문 중 여러 가지 용도로 많이 쓰이며 가장 유용한 구문 중 하나이다.

35 ★★★★★

I have no choice but + to 부정사
나는 …할 수밖에 달리 방법이 없다.

예문 I had no choice but to use force.

have no alternative but + to 부정사

have no option but + to 부정사

cf) …하지 않을 수 없다 ⇔ cannot but + 원형동사

cannot help + -ing

마스터 플랫폼

모든 회화표현에서 나의 상황을 설명할 때 가장 중요한 구문 중 하나이다. 결론을 도출할 때 쓰일 수 있고 'There will be no alternatives but to + 동사' 등의 표현에 쓰일 수 있다.

★★★★★

In view of ～ 주어 + 동사

～을 고려하여 …하다.

예문 In view of these circumstances we decided not to take any legal action.

마스터 플랫폼

위 구문은 'in the perspective of + 명사'와 비슷한 표현으로 관점에 대한 설명 혹은 내가 판단하는 관점에 대한 근거를 설명할 때 자주 쓰인다. 간단하지만 매우 유용한 표현으로 결론을 도출할 때 결론부에서 매우 빈번하게 사용된다.

★★★★★

There is no point + －ing 구문

…을 해봤자 아무 소용이 없다.

예문 There is no point in trying to convince him.

마스터 플랫폼

체념이나 어떤 상황에 대한 판단을 피력하는 구문으로 일상회화에서 가장 많이 쓰이는 표현이기도 하다. 서론에서 문제를 제기하는 목적으로 많이 사용되지만 이 외에 여러 가지 용도로도 유용하게 사용된다. 나만의 '마스터 플랫폼'으로 머릿속에 꼭 입력하고 새겨 놓도록 하자.

38 ★★★★★

I will + 동사 + on condition that + 절
나는 ~라는 조건으로 …할 것이다.

예문 I will sign the contract on condition that you deliver the goods on time.

마스터 플랫폼

조건부 승락의 표현 중에 가장 중요한 구문 중 하나로 'on the condition of + 동명사'의 형태로도 많이 쓰인다. 결론부에 많이 쓰이며 조건부의 결론을 표현할 때 쓰인다.

주어 result(s) from the fact that + 절

〜는 …라는 사실에서 기인한다.

예문 A lot of problems with teenagers result from the fact that parents are too permissive.

마스터 플랫폼

인과 관계적인 표현 중에서 가장 중요하고 많이 쓰이는 관용적 구문으로 특히 서론에서 가장 많이 쓰인다. 주어 자리에는 대체적으로 어떤 현상이나 문제 혹은 결과적 사실들이 길게 쓰이는 경우가 많다. 주어에 사람을 쓰는 경우는 드물기 때문에 용법에 주의하여 사용해야 한다.

The underlying idea of 〜 is 〜

〜에 깔린 기본 생각은 〜이다.

예문 The underlying idea of the reform is fair distribution of wealth.

위 구문은 '내재되어 있는 의미는 ~이다'라는 뜻으로 상황에 대한 판단이나 가치판단의 기준에 대한 설명을 할 때 주로 쓰인다. 서론에서 문제를 제기하는 역할을 하며 본론이나 결론에서도 유용하게 자주 쓰이는 필수 구문이다.

41 ★★★★★

There is no doubt that + 절
틀림없이 …이다.

예문 There is no doubt that production will be stepped up before long.

마스터 플랫폼

서론에서의 문제 제기와 주의 환기뿐 아니라 본론이나 결론에서도 유용하게 자주 쓰이는 필수 구문이며 상대방과의 대화에서 확신을 표현할 때 자주 쓰인다.

There is no sense in + -ing 구문

…해봐야 아무런 의미가 없다.

예문 There is no sense in going on strike.

마스터 플랫폼

서론에서 문제 제기의 목적으로 많이 쓰일 뿐 아니라 현상에 대한 비판으로 본론이나 결론에서도 유용하게 자주 쓰이는 필수 구문이다. 'In a sense that + 절'이나 'The thing is that + 절' 등과 함께 다양하고 폭넓은 범위에 쓰이는 필수 암기 구문이다.

주어 begin(s) with … and ends with ～

～는 …로 시작해서 ～로 끝이 난다.

예문 The film begins with the death of a woman and ends with her revenge.

마스터 플랫폼

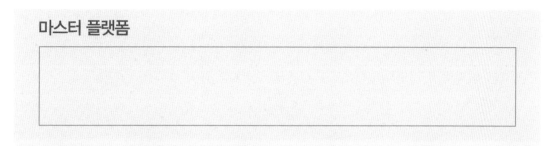

문장 뒷부분의 원형은 'It is ended with ~'으로 '결국~가 되었다' 혹은 '~로 결론지어졌다'라는 의미이다. 따라서 이 구문은 이슈 및 문제 제기의 목적으로 많이 쓰일 뿐 아니라 본론이나 결론에서도 현상에 대한 비판으로 유용하게 자주 쓰이는 필수 구문이다. 위에 예시처럼 사실을 묘사하는 경우에 쓰이거나 논점이 되는 현상을 뒷받침할 때도 유용하게 쓰인다.

44 ★★★★★

I am very good at + ─ing 구문
나는 …하는 일을 아주 잘 한다.

예문   I am very good at fixing mechanical things.

마스터 플랫폼

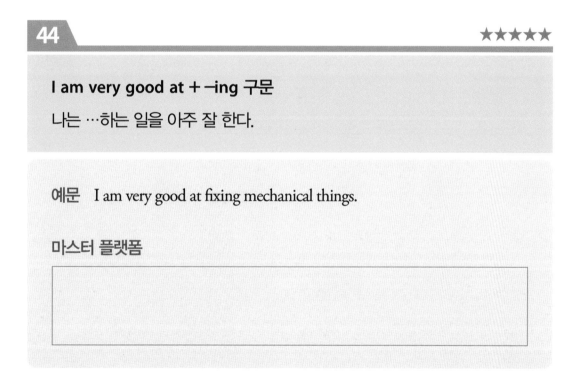

위 구문은 대표적인 1인칭주인공시점의 묘사나 표현을 할 때 많이 쓰이는 표현으로 I 대신 사물이나 대상을 넣어 이슈를 표현하기도 한다.

First of all, it is important to know what 주어 is/are

우선 ～이 무엇인지를 아는 것이 중요하다.

예문 First of all, it is important to know what your aptitude is.

마스터 플랫폼

위 구문은 여러 가지 문제 중 가장 중요한 요소의 문장을 강조하고 청자의 주의를 환기하는 목적으로 쓰인다. what 대신에 'that + 주어 + 동사'의 형태로 더욱 많이 쓰이는 구문이다. 입버릇처럼 외우고 있으면 어떤 말을 시작할 때 생각보다 정말 유용하게 쓸 수 있다. 서론에서의 문제 제기뿐 아니라 본론이나 결론에서도 유용하게 자주 쓰이는 필수 구문이다.

Where it can apply is in ～ that require(s) ～

그것이 적용될 수 있는 곳은 ～이 요구되는 ～분야이다.

예문 Where it can apply is in sports that requires skill and practice.

마스터 플랫폼

위 구문은 서론에서의 문제 제기뿐 아니라 본론이나 결론에서도 유용하게 자주 쓰이는 필수 구문이다. 이 용법은 5단어 연상법 중에서 3단어를 사용해서 여러 가지 관용구를 만들 수 있기 때문에 다양하고 유용하게 사용될 수 있는 구문이다.

47 ★★★★

주어 is/are more influenced by ～ than might be thought
～는 생각보다 ～의 영향을 더욱 많이 받았다.

예문 Hiphop is more influenced by reggae music that might be thought.

마스터 플랫폼

위 구문은 'more + affected' 등과 비슷한 표현으로 more가 들어가서 이슈에 대한 강조를 극대화시키는 역할을 한다. 서론에서의 문제 제기와 주의 환기뿐 아니라 본론이나 결론에서도 유용하게 자주 쓰이는 필수 구문이다. 상당한 확신을 표현할 때 자주 쓰인다.

48　　　　　　　　　　　　　　　　　　　　★★★★★

주어 is/are associated with~, either directly or indirectly
~는 직접적이든 간접적이든 ~와 연관이 있다.

예문　Postures are associated with emotional states, either directly or indirectly.

마스터 플랫폼

위 구문은 서론에서의 문제 제기와 주의 환기뿐 아니라 본론이나 결론에서도 유용하게 자주 쓰이는 필수 구문이며 상당한 확신을 표현할 때 자주 쓰인다.

49　　　　　　　　　　　　　　　　　　　　★★★

The extent of ~ varies according to ~
~의 정도는 ~에 따라 다르다.

예문　The extent of addiction varies according to the person and the drug.

어떤 현상이나 상황 혹은 사건의 정도를 설명하는 구문으로 다소 관망적이고 신중한 모습을 담아 표현할 수 있다. 역시 서론에서의 문제 제기 뿐 아니라 스피치의 본론이나 결론에서도 유용하게 자주 쓰이는 필수 구문이며 문제 제기를 통해 논의를 시작하고자 할 때 많이 쓰인다.

50　★★★

The 비교급 + 주어 + 동사, the 비교급 + 주어 + 동사
…하면 할수록 점점 하다.

예문　The longer he continues taking pills, the harder a cure will be.

마스터 플랫폼

형용사의 비교형을 사용한 구문 중에서도 가장 자주 쓰이며, 용법이 다양해 유용하게 사용할 수 있다. 역시 서론에서의 문제 제기와 주의 환기뿐 아니라 본론이나 결론에서도 유용하게 자주 쓰이는 필수 구문이며 문제 제기를 통해 논제를 분석하고자 할 때도 많이 쓰인다.

주어 is/are unlikely unless + 절
만약 …하지 않으면 ∼는 가능성이 거의 없다.

예문 This is unlikely unless the anti-pollution law is passed.

마스터 플랫폼

위 구문은 상황판단에 대한 나의 의견을 피력할 때 스피치 서론에서의 문제 제기뿐 아니라 결론에서도 유용하게 자주 쓰이는 필수 구문이다. 결론 도출을 통해 주장을 펴고자 할 때 많이 쓰인다.

For whatever reason it is + 형용사 + to 부정사
이유야 어떻든 …하는 것은 ∼한 일이다.

예문 For whatever reason it is pleasant to share a room with friends.

위 구문의 경우 여러 가지 상황에서 문제 제기와 주의 환기뿐 아니라 본론이나 결론에서도 유용하게 자주 쓰이는 필수 구문이며 문제 제기를 통해 논의를 시작하고자 할 때 많이 쓰인다.

53 ★★★★

This will help (you) decide which is + 최상급
아는 어떤 것이 가장 ~인지를 결정하는 데 도움을 줄 것이다.

예문 This will help you decide which is the most appropriate.

마스터 플랫폼

위 구문 서론에서의 문제 제기와 주의 환기뿐 아니라 본론이나 결론에서도 유용하게 자주 쓰이는 필수 구문이며 문제 제기를 통해 논의를 시작하고자 할 때 많이 쓰인다. 특히 결론에서는 Recommendation이나 문제의 해결방법에 대한 설명에 자주 쓰이는 구문이다.

I believe it important(crucial) that + 절

나는 …이 중요하다고 믿는다.

예문 I believe it important that these claims should be widely known.

마스터 플랫폼

위 구문은 가장 중요한 관용적 표현 중 하나로 회화에서 가장 많은 빈도를 보이는 표현이다. 여러 가지 용법이나 문장에 앞에 습관적으로 붙여도 무방할 만큼 기본적인 표현이며 결론에서도 유용하게 자주 쓰이는 필수 구문이다. 결론 도출을 통해 논의를 마무리하고자 할 때 많이 쓰인다.

It tells well how + 절

그것은 〜이 어떻게 …되었는지를 잘 말해준다.

예문 It tells well how procedures were ignored.

마스터 플랫폼

위 구문 역시 서론에서의 문제 제기와 주의 환기뿐 아니라 본론이나 결론에서도 유용하게 자주 쓰이는 필수 구문이며 문제 제기를 통해 논의를 시작하고자 할 때 많이 쓰인다.

---

56 ★★★★★

It's common knowledge that + 절

…은 모두가 다 아는 사실이다.

예문 It's common knowledge that the US president Clinton is a womanizer.

마스터 플랫폼

위 구문은 서론에서의 문제 제기와 주의 환기뿐 아니라 본론이나 결론에서도 유용하게 자주 쓰이는 필수 구문이며 문제 제기를 통해 논의를 시작하고자 할 때 많이 쓰인다.

주어 is/are largely due to the fact that + 절
~는 …라는 사실에 대체로 기인한다.

예문 My resentment towards Karen is largely due to the fact that she solely occupies the room.

마스터 플랫폼

위 구문은 스피치의 서론이나 본론, 결론 등 어디에서든 많이 쓰일 수 있다. It is because라는 문장에 비해 조금 더 세련된 표현으로 많은 경우에 상당히 좋은 효과를 낼 수 있는 좋은 구문이다. 특히 문제 제기를 통해 논의를 시작하고자 할 때 많이 쓰인다.

주어 is/are a vital factor in + ㅡing 구문
~는 …를 하는 데 없어서는 안 될 요소이다.

예문 TV is a vital factor in holding a family together.

마스터 플랫폼

위 구문은 서론에서의 문제 제기는 물론 회화에서 가장 중요한 요소 중 하나인 주의 환기뿐 아니라 본론이나 결론에서도 유용하게 자주 쓰이는 필수 구문이다. 결론 도출 시에 세련된 표현을 할 수 있도록 해주는 역할도 한다.

59 ★★★★★

If 주어 keep(s) + -ing 구문, eventually 주어 will + 동사
만약 계속 …한다면 결국 ～할 것이다.

예문 If you keep talking about something for long enough, eventually people will pay attention to you.

마스터 플랫폼

위 구문은 서론에서의 문제 제기와 주의 환기뿐 아니라 본론이나 결론에서도 유용하게 자주 쓰이는 필수 구문이며 결론 도출 시에 세련된 표현을 할 수 있도록 해주는 역할도 한다.

It's only a matter of time before + 절

···하는 것은 단지 시간 문제일 뿐이다.

예문 It's only a matter of time before we can find any evidence.

마스터 플랫폼

위 구문 역시 서론에서의 문제 제기와 주의 환기뿐 아니라 본론이나 결론에서도 유용하게 자주 쓰이는 필수 구문이며 결론 도출 시에 세련된 표현을 할 수 있도록 해주는 역할도 한다.

주어 might + 원형동사, rather than + 원형동사

～하느니 차라리 ···하는 편이 낫겠다.

예문 You might go and change that product, rather than go on feeling bad about it.

위 구문은 서론에서의 주의 환기뿐 아니라 본론이나 결론에서도 자주 쓰이며 결론 도출 시에 유용한 역할도 해주는 필수 암기 구문이다.

주어 will make + 목적어(~) + 형용사(A) as well as 형용사(B)

~은 ~를 B할 뿐 아니라 A하게 만들어줄 것이다.

예문 It will make driving more comfortable as well as safe.

마스터 플랫폼

위 구문은 가장 많이 쓰이는 'as well as'를 이용한 형용사의 용법이다. 주어에 대한 설명이나 상태묘사에 매우 유용한 표현으로 역시 서론 초반부에서의 주의 환기뿐 아니라 본론이나 결론에서도 자주 쓰인다. 결론 도출 시에 유용한 역할도 해주는 필수 암기 구문이다.

주어 is/are the finest thing that can happen to ~

~는 ~에게 일어날 수 있는 가장 멋진 일이다.

예문 Receiving a present is the finest thing that can happen to a child.

마스터 플랫폼

　　개인적 의견을 피력할 때 의외로 많이 쓰이는 최상급이 들어간 관용적 표현이다. Finest 대신 Worst나 다양한 최상급 형용사로 대화 초반부에서 많이 쓰이는 구문이니 이 표현으로 다양한 최상급 표현들을 해보자.

주어 is generally recognized as (being) + 최상급 + of its kind

~는 일반적으로 그런 류로는 가장 …한 것으로 인정받고 있다.

예문 The school program is generally recognized as being the most successful of its kind.

위 구문은 recognized말고 accepted 혹은 acknowledged 등을 넣을 수도 있어 다양하게 쓰이는 정말 중요한 표현이다. 서론에서의 주의 환기뿐 아니라 본론이나 결론에서도 자주 쓰이며 결론 도출 시에 유용한 역할을 해주는 필수 암기 구문이다.

65 ★★★★★

As is true of any ∼, 주어 + 동사
어느 ∼이 모두 그러하듯, …이다.

예문   As is true of any housework, gardening is tedious.

마스터 플랫폼

위 구문은 비교가 필요한 팩트 위주의 글에서 다양한 용법으로 쓰이는 구문으로 사실에 입각한 논지를 시작할 때 유용하다. 서론에서의 주의 환기뿐 아니라 본론이나 결론에서도 자주 쓰이는 필수 구문이며 결론 도출 시에 유용한 역할도 해주는 필수 암기 구문이다.

It is viewed as a useful alternative way of + −ing 구문

그것은 …하는 데 하나의 유용한 대안으로 여겨진다.

예문 It is viewed as a useful alternative way of dealing with these troublesome school problems.

마스터 플랫폼

결론 도출을 위한 가장 기본적인 관용적 표현으로 여러 가지 대안 중에서 혹은 옵션 중에서 한 가지를 택하여 청자로 하여금 가치 판단을 하도록 유도하는 구문이다. 매우 많이 쓰이고 활용법도 다양하기 때문에 숙지하면 좋다.

It's quite easy(hard) to differentiate between ∼ and ∼

∼와 …를 구분하는 것은 무척 쉬운(어려운) 일이다.

예문 It's quite easy to differentiate between a middle-class and a working-class child.

위 구문은 서론에서의 문제 제기와 두 가지 쟁점에 대한 비교를 통해 주의 환기뿐 아니라 본론이나 결론에서도 자주 쓰이며 결론 도출 시에 유용한 역할도 해주는 필수 암기 구문이다.

68 ★★★★★

This indicates the degree to which + 절

이것은 …하는 정도를 가리킨다.

예문   This indicates the degree to which a person is influenced by what he has learnt as a child.

마스터 플랫폼

위 구문은 통계적 증거를 바탕으로 한 서론에서의 주의 환기뿐 아니라 본론이나 결론에서도 자주 쓰이며 결론 도출 시에 유용한 역할도 해주는 필수 암기 구문이다.

Conceivably, 주어 is/are the thing for ∼

생각컨대 ∼가 ∼에게 안성맞춤인 듯싶다.

예문 Conceivably, more creative work is the thing for me.

마스터 플랫폼

Conceivably는 I think나 I guess 사이 정도의 확신을 갖는 표현이다. 위에 오는 구문과 함께 서론뿐 아니라 본론이나 결론에서도 자주 쓰이며 결론 도출 시에 유용한 역할도 해주는 필수 암기 구문이다.

I sympathize with ∼ but am disappointed at ∼

나는 ∼에는 동감하지만 ∼에는 실망하고 있다.

예문 I sympathize with his idea but am disappointed at his way of working.

마스터 플랫폼

위 구문은 개인적인 감정을 표현하기 위해 1인칭주인공시점에서 많이 사용되는 구문으로 서론에서의 주의 환기뿐 아니라 본론이나 결론에서도 유용하게 자주 쓰이는 필수 구문이다. 개인적 감정에 입각한 결론 도출 시에 유용한 역할도 해주는 필수 암기 구문이다.

71 ★★★★★

I think it's high time (that) 주어 + 과거동사
나는 바로 지금이 …해야 할 때라고 생각한다.

예문 I think it's high time she went on a diet.

마스터 플랫폼

위 구문은 상황에 대한 판단과 결심 혹은 청자에게 제안을 할 때 주로 사용되는 표현으로 서론에서의 주의 환기뿐 아니라 본론이나 결론에서도 자주 쓰이며 결론 도출 시에 유용한 역할도 해주는 필수 암기 구문이다.

The most enjoyable aspect of ～ is the fact that + 절
～에서 가장 흥미로운 측면은 …라는 사실이다.

예문 The most enjoyable aspect of my work is the fact that I am a freelance.

마스터 플랫폼

위 구문은 흥미로운 표현 중 하나이다. aspect라는 단어를 써서 현상 설명을 하면서 청자로 하여금 주의를 환기시킬 뿐 아니라 본론이나 결론에서도 유용하게 자주 쓰이는 필수 구문이며 결론 도출 시에도 유용한 역할을 해주기도 하는 필수 암기 구문이다.

I haven't made up my mind about whether I + 동사 + or + 동사
나는 …를 할지 혹은 ～를 할지에 대해 마음을 정하지 못했다.

예문 I haven't made up my mind about whether I want to be a programmer or run a convenience store later.

마스터 플랫폼

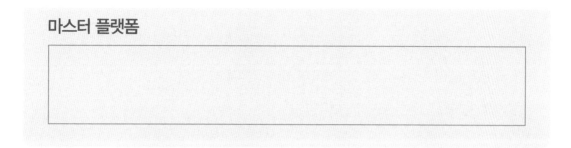

위 구문 역시 개인의 경험을 바탕으로 개인적인 느낌이나 감정을 서술하는 글에서도 쓰이지만, 나의 다양한 경험에서 나오는 내용을 담아 결론 도출 시에 유용한 역할도 해주는 필수 암기 구문이다.

74 ★★★★★

Whether or not + 절, 주어 + should + 동사
〜이든 아니든, …해야 한다.

예문 Whether or not you are young, we should keep fit.

마스터 플랫폼

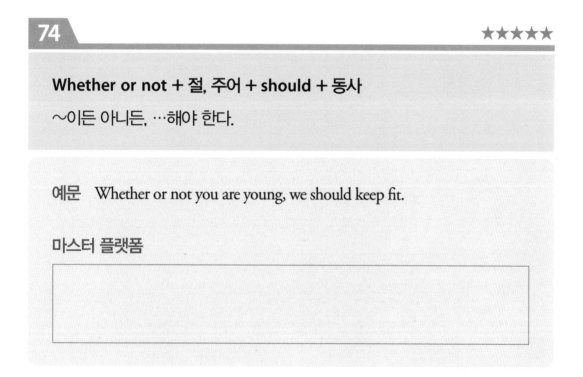

위 구문은 Whether를 이용한 가장 대표적인 무조건 실행의 표현이다. 서론에서의 주의 환기뿐 아니라 본론이나 결론에서도 자주 쓰이며 결론 도출 시에 유용한 역할도 해주는 필수 암기 구문이다.

That depends on how 형용사(부사) + 주어 + 동사

그것은 얼마나 …하느냐에 달려 있다.

예문 That depends on how efficient it is.

마스터 플랫폼

위 구문은 기본적으로 how 위에 형용사가 와야 한다는 점에 주의하여야 한다. 스피치에서 초반부 혹은 결론에서도 자주 쓰이며 결론 도출 시에 유용한 역할도 해주는 필수 암기 구문이다.

주어 is/are believed to be conducive to ～

～는 ～에 도움이 될 것으로 생각된다.

예문 Yoga is believed to be conducive to a longer, healthier life.

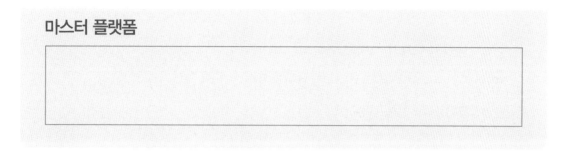

위 구문 마지막의 '~'에는 명사가 온다는 것을 잊지 말자. 이 표현은 서론에서의 다양한 문제 제기와 함께 결론에서도 유용하게 자주 쓰이며 결론 도출 시에 유용한 역할도 해주는 필수 암기 구문이다.

77 ★★★★★

주어 is/are thought to be the result of ~

~는 ~의 결과로 생각된다.

예문 Illness is thought to be the result of an improper balance of the body's forces.

마스터 플랫폼

위 구문은 결론을 도출하는 대표적인 표현으로 사실에 입각한 팩트 전달의 역할을 한다. 서론에서의 주의 환기뿐 아니라 본론이나 결론에서도 자주 쓰이는 필수 암기 구문이다.

I haven't had the occasion + to 부정사

나는 …할 기회가 없었다.

예문 I haven't had the occasion to use my medical insurance.

마스터 플랫폼

위 구문은 'I do not have a chance to'를 조금 세련되게 표현한 구문으로 친숙하게 익혀놓으면 정말 많은 표현에 응용할 수 있다. 개인적 경험에 바탕을 두고 서론에서의 주의 환기뿐 아니라 본론이나 결론에서도 자주 쓰이며 결론 도출 시에 유용한 역할도 해주는 필수 암기 구문이다.

All we have to do is + 원형동사

오직 우리가 할 일은 …하는 것뿐이다.

예문 All we have to do is go and wait for the result.

마스터 플랫폼

위 구문은 개인적 경험에 바탕을 두고 권유 및 제안을 하는 표현 중 가장 많이 쓰이는 구문이다. 'All + 주어 + need to do is ~'로 쓰이기도 한다. 주어가 해야할 것에 대한 강조의 역할을 해주는 구문으로 스피치 초반부나 결론에서도 자주 쓰이며 결론 도출 시에 유용한 역할도 해주는 필수 암기 구문이다.

80 ★★★

주어 express(es) … in the form of ～

～는 ～의 형태로 …을 표현한다.

예문 Black people express their feelings about life in the form of gospel music.

마스터 플랫폼

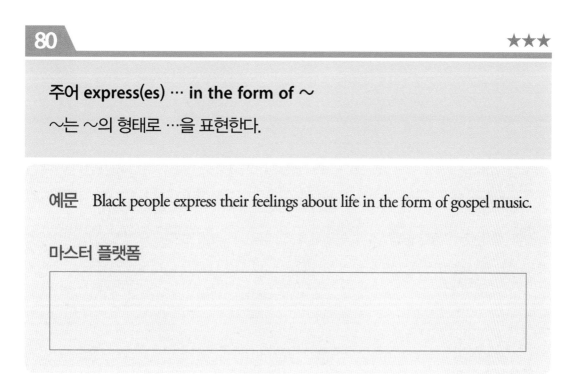

위 구문은 'in the form of'라는 숙어와 앞에 express가 같이 사용된 경우로 주어가 어떤 표현을 어떻게 했는지 3인칭관찰자시점에서 설명해주는 부연설명형 문장이다. 다양한 용법으로 쓰일 수 있어 서론에서의 사실에 입각한 주의 환기

뿐 아니라 본론이나 결론에서도 자주 쓰이며 결론 도출 시에 유용한 역할도 해주는 필수 암기 구문이다.

81 ★★★★★

All that matters is that + 절

오로지 중요한 것은 …이다.

예문 All that matters now is that the new government implements the necessary reforms without delay.

마스터 플랫폼

위 구문은 여러 가지 용도로 다양한 문장이나 글에서 사실 묘사의 표현으로 광범위하게 쓰이고 있다. 서론에서의 주의 환기뿐 아니라 본론이나 결론에서도 자주 쓰이며 결론 도출 시에 유용한 역할도 해주는 필수 암기 구문이다.

82 ★★★★★

It is all the more 형용사 as + 절

…함에 따라 더욱 ～하다.

예문 예문 It is all the more serious as productivity has been steadily falling in the last
few years.

마스터 플랫폼

'More + 형용사'의 형태로 점진적 변화에 대한 표현이다. 서론에서의 주의 환기뿐 아니라 본론이나 결론에서도 자주 쓰이며 결론 도출 시에 유용한 역할도 해주는 필수 암기 구문이다.

83 ★★★★★

I wonder whether 주어 is/are really based on ~
나는 ~가 정말 ~에 근거한 것인지 궁금하다.

예문 I wonder whether this article is really based on facts.

마스터 플랫폼

위 구문은 Whether의 표현법 중에 'Based on'이 들어간 가장 대표적 관용 구문이다. 서론에서의 문제 제기, 청자에게 주의 환기를 해주는 역할뿐 아니라 본론이나 결론에서도 자주 쓰이며 결론 도출 시에 유용한 역할도 해주는 필수 암기 구문이다.

84 ★★★★★

It is quite right to point out that + 절
···하다는 것은 아주 올바른 지적이다.

예문 It is quite right to point out that most applicants just do not qualify for the job.

마스터 플랫폼

위 구문은 상대방과의 대화에서 상대방이 제시한 문제를 긍정적으로 평가할 때 매우 많이 쓰인다. 서론에서의 문제 제기의 표현 중 하나로 주의 환기뿐 아니라 본론이나 결론에서도 자주 쓰이며 결론 도출 시에 유용한 역할도 해주는 필수 암기 구문이다.

It is worth pointing out that + 절

…라는 사실은 지적할 만한 가치가 있다.

예문 It is worth pointing out that pollution has put fish at risk.

마스터 플랫폼

위 구문은 Worth를 이용한 가치 판단 문제에 광범위하게 쓰이는 표현으로 서론에서의 주의 환기뿐 아니라 본론이나 결론에서도 자주 쓰인다. 결론 도출 시에 유용한 역할도 해주는 필수 암기 구문이다.

주어 can be seen from the fact that + 절

～은 …라는 사실에서 엿볼 수 있다.

예문 The importance of the new law can be seen from the fact that even the opposition has voted for it.

마스터 플랫폼

위 구문 역시 문제 제기에 유용한 표현으로 서론에서의 주의 환기뿐 아니라 본론이나 결론에서도 자주 쓰이며 결론 도출 시에 유용한 역할도 해주는 필수 암기 구문이다.

Whether 주어 + 동사 (or not) depends on ~
…하느냐의 여부는 ~에 달려 있다.

예문 Whether I can master English or not depends on three factors.

마스터 플랫폼

위 구문은 'Whether + 주어 + 동사'의 대표적 구문으로 다양한 논지를 펼친 다음 결론에서 자주 쓰인다. 결론 도출 시에 유용한 역할도 해주는 필수 암기 구문이다.

주어 give(s) + 인칭 목적어 + an insight into ~

~는 …에게 ~를 간파할 수 있게 해준다.

예문   Traveling gives you an insight into the mentality of people in other

countries.

마스터 플랫폼

위 구문은 'Give + Somebody + an insight + into'라는 매우 세련되고 빈번하게 쓰이는 표현이다. 서론에서의 이슈 도출을 위한 대상의 장점을 표현하는 구문이고 주의 환기뿐 아니라 결론 도출 시에 유용한 역할도 해주는 필수 암기 구문이다.

Irrespective of ~, 주어 + 동사

~에 상관없이 …하다.

예문   Irrespective of what side you take, you should start immediate negotiations.

마스터 플랫폼

생각보다 매우 많이 쓰이는 'It doesn't matter how(what) + 절', '주어 + will + 동사'보다 훨씬 세련되고 깔끔한 표현이다. 'Regardless of ~', 'Regardless that + 절'과 함께 많이 쓰이는 필수 암기 구문으로 세련되게 표현할 수 있다.

90 ★★★★★

It is needless to say that + 절
…하다는 것은 말할 필요도 없다.

예문 It is needless to say that breaking down the walls of prejudice is difficult.

마스터 플랫폼

위 구문은 'Needless to + 동사'의 가장 대표적인 예시 구문으로 너무나 중요하고 많이 사용되기 때문에 무조건 실전 회화에서 사용해봐야 한다. 서론에서의 주의 환기뿐 아니라 본론이나 결론에서도 자주 쓰이며 결론 도출 시에 유용한 역할도 해주는 필수 암기 구문이다.

★★★★★

It is a generally accepted truth that + 절
…은 일반적으로 인정된 사실이다.

예문 It is a generally accepted truth that cigarette smoking is harmful to health.

마스터 플랫폼

'It is a generally accepted fact that + 절'과 함께 많이 쓰이는 필수 암기 구문으로 광범위하게 쓰일 수 있다. 서론에서의 주의 환기뿐 아니라 본론이나 결론에서도 자주 쓰이며 결론 도출 시에 유용한 역할도 해주는 필수 암기 구문이다.

★★★★★

I would like to make it clear that + 절
나는 …을 분명히 해두고 싶다.

예문 I would like to make it clear that I am not prejudiced against anyone.

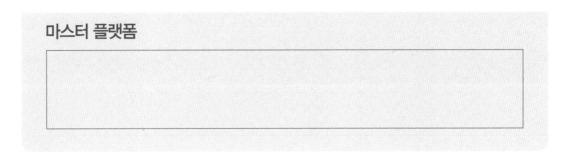

위 구문은 결론에서도 유용하게 자주 쓰이는 필수 구문이며 결론 도출 시에 유용한 역할도 해주는 필수 암기 구문이다. 'I would like to make it + 형용사 + that + 절'에서 파생되었으며 형용사를 변환하여 다양하고 광범위하게 쓸 수 있다.

---

93 ★★★★★

On the one hand 주어 + 동사, on the other (hand) 주어 + 동사
〜는 한편으로는 〜하면서 다른 한편으로는 …하다.

예문 On the one hand she advocates a classless society, on the other she prides herself on living in the West.

마스터 플랫폼

위 구문은 비교의 표현 중에서 대표적으로 쓰이는 관용구문으로 서론에서의 주의 환기뿐 아니라 본론이나 결론에서도 자주 쓰인다. 결론 도출 시에 유용한 역할도 해주는 필수 암기 구문이다.

The main point at issue is whether + 절

주요 쟁점은 …의 여부이다.

예문 The main point at issue is whether students can carry beepers and cellular phones at school.

마스터 플랫폼

위 구문은 서론에서 문제를 제기할 때 쓰이는 가장 대표적인 구문으로 암기가 필수이다. 주의 환기뿐 아니라 본론이나 결론에서도 자주 쓰이며 결론 도출 시에 유용한 역할도 해주는 필수 암기 구문이다.

I do not see any chance of + −ing 구문

내가 보기에는 …할 가능성이 별로 없다.

예문 I do not see any chance of putting these ideas into practice.

마스터 플랫폼

위 구문은 대체적으로 결론에서의 단정적인 표현이나 서론에서의 주의 환기로 쓰인다. 본론에서도 자주 쓰이며 결론 도출 시에 유용한 역할도 해주는 필수 암기 구문이다.

96 ★★★★★

You must take into consideration that + 절
···라는 사실을 고려에 넣어야만 한다.

예문 You must take into consideration that the fabric of society in that country is completely different from ours.

마스터 플랫폼

위 구문은 대체적으로 결론에서의 단정적인 표현이나 스피치 초반에서의 주의 환기의 역할로 사용된다. 결론 도출에서도 유용하게 자주 쓰이는 필수 구문이며 결론 도출 시에 논거 제시 역할을 해주기도 하는 필수 암기 구문이다.

Taking all that into consideration, I think (that) + 절

그 모든 것을 고려할 때, 나는 …라고 생각한다.

예문 Taking all that into consideration, I think the whole situation is not as confusing as it looks.

마스터 플랫폼

위 구문은 대체적으로 결론에서의 단정적인 표현이나 서론에서의 주의 환기 뿐 아니라 결론 도출의 목적으로도 유용하게 자주 쓰이는 필수 구문이며 결론 도출 시에 논거 제시 역할을 해주기도 하는 필수 암기 구문이다.

The good thing about ～ is that + 절

～의 좋은 점은 …라는 것이다.

예문 The good thing about it is that you do not need to speak fluent English.

마스터 플랫폼

위 구문은 어떤 문제에 대한 상대방이나 대상에 대한 장단점을 언급하면서 주의를 환기시키는 역할을 한다. 본론에서도 자주 쓰이며 결론 도출 시에 유용한 역할도 해주는 필수 암기 구문이다.

99 ★★★

The key to ~ lies in ~

~의 열쇠는 ~에 있다.

예문 The key to the solution of many social problems lies in a wider understanding of the facts of economic life.

마스터 플랫폼

위 구문은 다양한 해결책을 제시하고 싶을 때 그 조건이 무엇인가에 대한 표현으로 자주 사용되는 표현이다. 결론 도출 시에 유용한 역할도 해주는 필수 암기 구문이다.

100 ★★★★★

To sum up, we can say that + 절
요컨대 …라고 말할 수 있다.

예문 To sum up, we can say that women are often superior to men in almost every field.

마스터 플랫폼

위 구문은 'In a nutshell', 'To summarize' 등과 함께 결론에서도 유용하게 자주 쓰이는 필수 구문이며 결론 도출 시에 유용한 역할도 해주는 필수 암기 구문이다.

101 ★★★★★

I should treat ~ in some detail
~을 어느 정도 자세히 다루기로 하겠다.

예문 I should treat this subject in some detail.

마스터 플랫폼

위 구문은 대화의 초반부나 결론에서도 유용하게 자주 쓰이는 필수 구문이며 결론 도출 시에 유용한 역할도 해주는 필수 암기 구문이다.

102 ★★★★★

When it comes to ∼, 주어 + 동사
∼에 관해서라면 …이다.

예문 When it comes to sports, he is the best in our class.

마스터 플랫폼

위 구문은 ∼에 관해서라는 표현 중 회화에서 많이 쓰이는 표현으로 'In regards to', 'with regard to', 'About', 'Considering' 등과 유사한 의미를 갖는 관용 문구이다. 서론에서의 주의 환기뿐 아니라 본론이나 결론에서도 자주 쓰이며 결론 도출 시에 유용한 역할도 해주는 필수 암기 구문이다.

103 ★★★★★

주어 is/are nothing but wishful thinking
～은 단지 희망 사항일 뿐이다.

예문　That is nothing but wishful thinking.

마스터 플랫폼

위 구문은 현 이슈에 대한 비판적인 표현을 할 때 쓰인다. 서론에서의 주의 환기뿐 아니라 결론 도출 시에 유용한 역할도 해주는 필수 암기 구문이다.

104 ★★★★★

주어 related to － become(s) progressively more comprehensive
～과 관련된 ～이 점점 더 광범위해지고 있다.

The problems related to the environment become progressively more comprehensive.

마스터 플랫폼

위 구문은 점증법을 통해 서론의 주의 환기에 유용하게 쓰이는 구문이며 이슈의 극대화를 통한 호기심을 유발한다. 본론이나 결론에서도 자주 쓰이며 결론 도출 시에 유용한 역할도 해주는 필수 암기 구문이다.

105 ★★★★★

One of the best ways + to 부정사 seems + to 부정사 + 동사
~를 잘할 수 있는 최선의 방법 중 하나는 …인 듯싶다.

예문 One of the best ways to shop seems to prepare in advance by making a list of what you need.

마스터 플랫폼

위 구문은 서론에서의 주의 환기뿐 아니라 대화를 요약하려는 목적으로도 유용하게 자주 쓰이는 필수 구문이며 결론 도출 시에 유용한 역할도 해주는 필수 암기 구문이다.

106 ★★★★★

I hate + −ing 구문 almost as much as + −ing 구문
나는 ~를 하는 것만큼이나 거의 …하는 것을 싫어한다.

예문 I hate washing dishes almost as much as doing laundry.

마스터 플랫폼

개인의 성향을 표현하는 관용 구문으로 호불호를 표현하여 이슈를 도출할 때 많이 쓰이는 표현이다.

107 ★★★★★

I always thought it would be much 비교급 + to 부정사
나는 늘 …하는 것이 훨씬 더/덜 ~할 거라고 생각했다.

예문　I always thought it would be much more expensive to repair.

마스터 플랫폼

　　위 구문은 가치판단의 기준을 제시하는 표현이다. 서론에서의 주의 환기뿐 아니라 본론이나 결론에서도 자주 쓰이며 결론 도출 시에 유용한 역할도 해주는 필수 암기 구문이다.

108　★★★★★

주어 + 동사 + too 형용사(부사) + to 부정사
～는 너무 ～하여 …할 수가 없다.

예문　I was too nervous about the exam result to eat the food.

마스터 플랫폼

　　위 예문은 'I was so nervous about the exam result that ～'로도 변경이 가능하

다. 개인적 경험을 토대로 서론에서의 주의 환기뿐 아니라 본론이나 결론에서도 자주 쓰이며 결론 도출 시에 유용한 역할도 해주는 필수 암기 구문이다.

109 ★★★★★

Soon after 주어 had + 과거분사, 주어 started + to 부정사

〜는 …한지 얼마되지 않아 〜하기 시작했다.

예문 Soon after I had left my country, I started to feel homesick.

마스터 플랫폼

위 구문은 개인적인 경험과 현상의 묘사를 바탕으로 서론에서의 주의를 환기시킨다. 본론이나 결론에서도 자주 쓰이며 결론 도출 시에 유용한 역할도 해주는 필수 암기 구문이다.

110 ★★★★★

The discussion is on 〜 and it stands regardless of 〜

이 논의는 〜에 관한 것으로 〜와는 관계가 없다.

예문 The discussion is on the basic body shape and it stands regardless of (with no regard 혹은 irrespective of 로도 사용 가능) how much you weigh and how fat you may appear.

마스터 플랫폼

위 구문은 상당히 유용한 구문 중 하나로 논점을 부각시키고자 할 때 사용한다. 서론에서의 주의 환기뿐 아니라 본론이나 결론에서도 자주 쓰이며 결론 도출 시에 유용한 역할을 한다.

★★★★★

Usually, the way 주어 + 동사 reveals ～
보통 …하는 모습은 ～을 잘 드러낸다.

예문 Usually, the way someone speaks reveals his or her character.

마스터 플랫폼

위 구문은 reveal의 용법 중 가장 대표적 표현이다. 서론에서의 주의 환기뿐 아니라 결론 도출을 목적으로도 자주 쓰이며 결론 도출 시에 유용한 역할도 해주는 필수 암기 구문이다.

112 ★★★★★

The reasons for ～ are as varied as ～

～의 이유들은 ～만큼이나 다양하다.

예문   Their reasons for taking drugs are as varied as the environments in which they live.

마스터 플랫폼

여러 가지 이유를 나열하기 전에 미리 언급해주는 중요한 관용적 구문이다. 서론에서의 주의 환기뿐 아니라 결론 도출이나 문제 제기에 자주 쓰이며 결론 도출 시에 유용한 역할도 해주는 필수 암기 구문이다.

The aim is to make the public more aware of ～

목표는 대중들이 ～에 대해 보다 잘 인식하게 하는 것이다.

예문 The aim is to make the public more aware of the wildlife's plight.

The aim is to make somebody become aware of the fact that the music is

best way to communicate with others.

마스터 플랫폼

위 구문은 '주어 + become aware of the fact that + 절'로도 많이 쓰인다. 다양한 변형을 통해 자연스러운 플랫폼을 디자인해보자. 서론에서의 다양한 주제에 대한 주의 환기뿐 아니라 여러 가지 상황에서 자주 쓰이며 결론 도출 시에 유용한 역할도 해주는 필수 암기 구문이다.

주어 + 동사 in a way similar to that of ～, though + 형용사

비록 ～하지만 ～와 유사한 방법으로 …한다.

예문　This machine works in a way similar to that of a computer, though slow-
moving.

마스터 플랫폼

위 구문은 일반적인 트렌드나 경향에 대한 묘사와 함께 쓰인다. 서론에서의
주의 환기뿐 아니라 본론이나 결론에서도 자주 쓰이며 결론 도출 시에 유용한
역할도 해주는 필수 암기 구문이다.

115 ★★★★★

For most people it is not only ~ which is/are important, but ~ (as well)
대부분의 사람들에게서 중요한 것은 ～뿐만 아니라 ～이다.

예문　For most people it is not only the type of housing which is important, but
the whole neighborhood as well.

마스터 플랫폼

위 구문은 유명한 'not only but also' 구문의 응용이다. 서론에서의 주의 환기뿐 아니라 본론이나 결론에서도 자주 쓰이며 결론 도출 시에 유용한 역할도 해주는 필수 암기 구문이다.

---

116 ★★★

I am so disenchanted with ～ that + 절
나는 ～에 환멸을 느껴서 …한다.

예문 I was so disenchanted with life in a big city that I decided to give up my job and make a fresh start somewhere in the country.

마스터 플랫폼

위 구문은 강력한 개인적인 경험을 바탕으로 호기심을 자극할 때 쓰인다. 서론에서의 주의 환기뿐 아니라 다양한 상황에서 자주 쓰이며 결론 도출 시에 유용한 역할도 해주는 필수 암기 구문이다.

★★★★★

I think it no longer makes sense that + 절

나는 …하는 것이 더 이상 무의미하다고 생각한다.

예문 I think it no longer makes sense that the universities remain in a densely populated part of Seoul.

마스터 플랫폼

위 구문에서 'no longer makes sense'는 그 자체로 하나의 관용어구이다. 이 구문에서는 'I think'와 함께 쓰여 무의미하거나 더이상 소용이 없음을 세련되게 표현했다. that절 뒤에 다양한 표현을 붙혀서 유용하게 사용할 수 있다. 서론에서의 주의 환기뿐 아니라 다양한 상황에서 자주 쓰이며 결론 도출 시에 유용한 역할도 해주는 필수 암기 구문이다.

★★★★

The trouble is that when + 절 we don't know how + 절

문제는 우리가 …를 하면서도 어떻게 ~하는지를 모른다는 사실이다.

예문   The trouble is that when we look at the photo we don't know how the photo was taken.

마스터 플랫폼

위 구문은 서론에서의 다양한 문제 제기, 주의 환기뿐 아니라 본론이나 다양한 상황의 대화에서 자주 쓰인다. 결론 도출 시에 유용한 역할도 해주는 필수 암기 구문이다.

119 ★★★★★

I have little knowledge of ～ and am therefore unable + to 부정사
나는 ～에 대해 아는 바가 별로 없으므로 …을 할 수가 없다.

예문   I have little knowledge of the actual production of what I buy and am therefore unable to make firsthand judgements of quality.

마스터 플랫폼

이 구문에는 여러 가지 사실 관계를 바탕으로 논제를 시작하자는 의도를 담을 수 있다. 여러 단어를 대입하여 유용하게 쓰이며, 서론에서의 주의 환기뿐 아니라 본론이나 결론에서도 자주 쓰인다. 결론을 도출할 때 사용해도 좋다. 그러니 나만의 '마스터 플랫폼'으로 머릿속에 꼭 입력하고 새겨 놓자.

120 ★★★★★

I still find it difficult to convince ~ that + 절
나는 ~에게 …을 납득시키기가 여전히 어렵다.

예문 I still find it difficult to convience my friends that studying abroad is not as glamorous as it is thought to be.

마스터 플랫폼

위 구문은 'find + 대명사 + 형용사'라는 정말 중요한 문법적 구조를 가진 스피킹 구문이다. '나는 대명사에서 어떠한 점을 발견했다'라는 뜻으로 매우 빈번히 쓰이는 유형의 스피킹 구문이다. 서론에서의 주의 환기뿐 아니라 다양한 상황에서 자주 쓰이며 결론 도출 시에 유용한 역할도 해주는 필수 암기 구문이다.

I end up + −ing 구문

나는 결국 …하고 말았다.

예문 I ended up buying more than I could afford.

마스터 플랫폼

위 구문은 'End up with' 혹은 'End up −ing'의 형태로 쓰인다. 어떤 상황이나 행동의 결론이나 결말을 표현하는 매우 중요한 구문이자 숙어로 서론에서의 주의 환기뿐 아니라 여러 가지 상황에서 자주 쓰인다. 결론 도출 시에 유용한 역할도 해주는 필수 암기 구문이다.

It is in the nature of things that + 절

…한 것은 당연한 세상 이치이다.

예문 It is in the nature of things that the best way to achieve success is by doing what we love.

위 구문은 다양한 주제에서 스피치의 결론 파트에 자주 쓰이며 결론 도출 시에 유용한 역할도 해주는 필수 암기 구문이다.

123 ★★★★★

On the surface 주어 seem(s) + to 부정사, but in reality 주어 + 동사
표면적으로는 ~가 ~한 것처럼 보이지만 실제로는 …하다.

예문   On the surface sexism seems to have disappeared, but in reality it still exists.

마스터 플랫폼

위 구문은 사실 관계에 대한 가치 판단의 기준을 논제로 제시하려고 할 때 쓰인다. 서론에서의 주의 환기뿐 아니라 정보전달의 목적으로 자주 쓰이며 결론도출 시에 유용한 역할도 해주는 필수 암기 구문이다.

맺음말

언어의 가로적/세로적 신축성은 문장력과 어휘력 그리고 구문을 얼마나 많이 쓰고 응용하고 변형해보았는지 그 연습량에 따라 능력이 좌우될 뿐 아니라 그 언어에 대한 애착과 관심 그리고 동기 부여를 통해 증진 될 수 있다. 특히, 스피킹 학습에 있어서 가로적/세로적 신축성은 좋은 문장을 내 것으로 만들려고 노력하며 머릿속으로 많이 쓰고 듣고 읽고 반복해서 학습하는 것이 그 능력을 기르는 데 중요한 역할을 한다. 즉, 언어는 무의식적인 능력이 많은 부분을 좌우하기에 언어 자체에 대한 관심 혹은 스스로 그 언어와 혼연일체 되려는 노력이 수반되지 않는 한 휘발성이 극에 달하게 되어 머릿속에서 그리고 몸속에서 망각될 것이다. 언어학습에서 가장 중요한 것은 말만 잘하는 게 아니라 그 언어를 사랑하고 많이 접하려고 노력하려는 의지일 것이다.

인간관계에 있어서도 상대방에게 오래도록 남는 기록이나 대화 내용은 글로 이어져 내려오는 경우가 많다. 때문에 영어 스피킹으로 내 생각을 표현하고 그것을 머릿속에 저장하는 능력이나 과정은 체계적인 교육과 꾸준한 노력을 통해 단련되는 것이 필요하다. 필자는 독자들이 스스로 키워드를 통해 머릿속으로 문장을 완성해서 이를 자기만의 스타일로 표현해 말하는 과정에 대한 중요성은 물론, 다양한 방법으로 내 생각을 머릿속으로 고민하고 정리하여 표현하는 방법을 깨달았으면 한다. 스스로 영어 스피킹을 위한 영작 능력의 중요성과 역할을 느끼게 되면 어떤 방향으로 영어 공부를 해나가야 하며 어떤 점을 중점적으로 해야 하는지 알 수 있을 것이다. 이 책이 스스로 '고기를 잡아서 보여주기'보다는 '고기를 잡는 방법을 알려주는' 계기가 되었으면 한다.

사람을 매료시키고 상대방에게 감동을 주고 내 생각을 설득력 있게 전달하는 기술, 이것을 위해서는 일단 기본적인 문장을 나만의 방식으로 뇌에 새기고 쓰는 방법을 알아야 한다. 이 책은 입으로 표현하는 나만의 방식을 체계적으로 설명하고 이를 여러 가지 방식으로 쉽고 빠르게 정제하는 비법을 다뤘다. 필자는 영어 스피킹 학습에 있어서 머릿속에 나만의 문장들이나 표현을 오래도록 남기는 것 그리고 머릿속에 담긴 영어의 흔적들을 스스로 재생산하는 것이 가장 필수적이고 중요한 요소라고 단언하는 바이다.

MEMO

MEMO